Nähen im

Narcisa Bayer

Landhaus-Stil

für Haus & Garten

Tischdekorationen • Sitzkissen
Bettwäsche • Kissen und Accessoires

OZ creativ

Nähen im Landhausstil

Liebe Leserin, lieber Leser,

Gemütlichkeit und Wohlfühlen für Ihr Zuhause entstehen durch schöne Stoffmuster und Farbkombinationen. Die wunderbare Welt des Wohnens und Dekorierens verlangt nach ständigen Experimenten. Wir machen hier eine virtuelle Reise durch Haus und Garten und geben jeder Ecke ein buntes neues Gesicht. Nutzen Sie die aktuellen Trends, um mit ein paar Veränderungen den Look zu Hause zu verschönern.

Lassen Sie sich von unseren Anregungen inspirieren und kreieren auch Sie durch aufregende Farben und wunderschöne Dessins eine individuelle Atmosphäre, die Familie, Freunde und Gäste überraschen wird.

Die meisten Modelle sind leicht und schnell nachzuarbeiten. Am Anfang jeder Anleitung finden Sie den Schwierigkeitsgrad:

*	= für Anfänger
**	= Vorkenntnisse sind erforderlich
***	= für Fortgeschrittene

Einige Bildmotive aus diesem Buch haben wir in der stimmungsvollen Toskana fotografiert. Das wird Ihnen sicher gefallen und Ihre kreative Phantasie anregen.

Ich wünsche Ihnen viel Spaß beim Nähen und Dekorieren und lassen Sie sich von Farben optimistisch einstimmen!

Inhaltsverzeichnis

SAU
VI
GNON
VENETO

Auf der Terrasse

Festliche Tafel

Tischdecke mit Variationen

Modell 1
(Bild Seite 9, 11)

Dieses Modell bietet viele Variationsmöglichkeiten. Das Basisteil lässt sich beliebig umgestalten, z.B. mit Blumengirlanden, Efeuranken oder Stoffblenden in verschiedenen Mustern und Farben - eine Tischdecke immer wieder anders.

Schwierigkeitsgrad: *
Größe: für eine Tischgröße von 90 x 240 cm

Materialverbrauch:
- 2,45 m Druckstoff (180 cm breit)
- 3,00 m Vichykaro (140 cm breit)

So wird es gemacht:

Eine bedruckte Stoffbahn zuschneiden, so groß wie die Tischplatte, zuzüglich 2 cm Saumzugabe an allen Seiten. Saum zweimal 1 cm umschlagen, bügeln und absteppen.
Bindebänder: nach Bedarf ca. 24 Streifen von je 8 x 22 cm zuschneiden (fertiges Maß 3 x 20 cm). Stoff der Länge nach rechts auf rechts falten. Die lange und eine kurze Kante steppen. Band durch die Öffnung mit Hilfe eines Stiftes wenden. Offenes Ende umbügeln und schmalkantig absteppen. Die Länge des Tisches in regelmäßige Abstände einteilen, so dass alle 20 bis 25 cm ein Band zu liegen kommt. In den Ecken und der Mitte jeder Seite beginnen. Je ein Bindeband saumbreit unter die Decke schieben und feststeppen. Bei diesem Modell befinden sich je ein Bindeband in der Ecke, je 7 Bänder entlang der langen und je 3 Bänder an den kurzen Kanten.
Kontrastfarbene Blende: je 2 Stoffbahnen von je 30 x 242 cm und 30 x 92 cm zuschneiden (fertige Maße 14 x 240 cm und 14 x 90 cm). Um unnötige Zwischennähte zu vermeiden, werden die Bahnen längs zugeschnitten. Bahnen der Länge nach rechts auf rechts zur Mitte falten, die kurzen Seiten zusammensteppen und wenden. Die offen gebliebenen langen Kanten ca. 1 cm breit umbügeln. Die Position der Bänder an der Blende muss identisch mit der Lage der Bänder an der Tischdecke sein. Bindebänder ca. 1 cm weit in die offene Kante der Stoffblende schieben und die lange Öffnung schmalkantig absteppen. Blende mit den Bändern in dekorativen Schleifen an der Tischdecke befestigen.

Serviette mit Hohlsaumborte

Modell 2

Schwierigkeitsgrad: ***
Größe: 46 x 46 cm
Vorlagen: Seite 46

Materialverbrauch:
- 0,50 m Baumwollstoff (140 cm breit)
- 1,50 m fertige Hohlsaumborte in gleicher Farbe, ca. 1 cm breit

So wird es gemacht:

Vier Blendenstreifen 12 x 50 cm (fertig 5 x 46 cm) und das Innenteil 37 x 37 cm (fertig 35 x 35 cm) nach der Schemazeichnung zuschneiden. Die Nahtzugaben entsprechen der Nahtbreite der Hohlsaumborte.

Blendenstreifen der Länge nach links auf links zur Hälfte bügeln. An der Blendenunterseite die Nahtzugaben nach innen umbügeln. Hohlsaumborte rechts auf rechts an die Kante der Blendenoberseite steppen, dabei die Bortenenden schräg abschneiden und an die Blendenstreifen anpassen. Hohlsaumborte nach oben klappen und bügeln. Blendenstreifen auffalten, die Ecken der Blende rechts auf rechts steppen und wenden. Es entsteht ein fertiger Rahmen. Alle Nähte bügeln. Blendenoberseite an der Naht mit der Hohlsaumborte schmalkantig absteppen, dabei die Blendenunterseite mit feststeppen (siehe auch Schemazeichnung Seite 46).

Mittelteil in das Blendenteil einsetzen: jeweils eine Kante des Quadrates rechts auf rechts an die Hohlsaumkante legen und vom Eckpunkt bis zum nächsten Eckpunkt der Naht (Ecke der Blende) nähen. Nadel im Eckpunkt stecken lassen, Nähfüßchen anheben und Nähgut drehen. Nächste Kante entlang der nächsten Hohlsaumkante legen und wieder entlang nähen bis zum nächsten Eckpunkt. Auf diese Weise alle vier Seiten des Mittelteiles mit Y-förmigen Nähten in das Blendenteil einsetzen. Nähte auf der Rückseite versäubern und von der Vorderseite her schmalkantig absteppen.

Tipp:
Für edle Stoffservietten eignet sich ein von Hand selbstangefertigter Hohlsaum, was allerdings etwas Geschick verlangt.

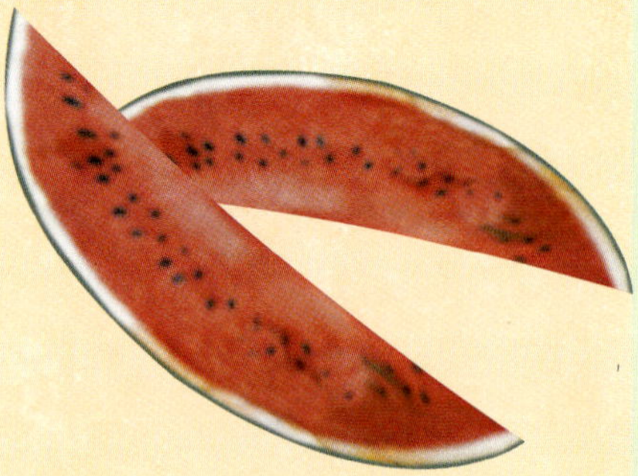

Alles für die Küche

Praktische Küchenhelfer

Deckchen für Marmeladenglas
Modell 3
(Bild Seite 12)

Schwierigkeitsgrad: ✻
Größe: für eine Glasdeckelgröße von ca. 9 cm Durchmesser
Vorlage: Seite 47

Materialverbrauch:
- 20 x 20 cm Stoff
- ca. 60 cm Spitzenborte
- 23 cm Gummifaden

So wird es gemacht:

Aus dem Stoff einen Kreis von 18 cm Durchmesser (fertige Größe 16 cm) zuschneiden. Dafür einen Teller in entsprechender Größe als Schablone oder den Schnitt von Seite 47 benutzen. Saumzugabe umbügeln. 57 cm Spitzenborte zum Ring steppen, knapp unter die Saumkante legen, feststecken und ansteppen. Einen leicht gespannten Gummifaden mit Zickzackstich kreisförmig ca. 2,5 cm innerhalb des Saumrandes aufsteppen (Schemazeichnung Seite 47). Die Ansatzstelle des Gummifadens mit engen Stichen fixieren.

Handschuh
Modell 4

Schwierigkeitsgrad: ✻
Größe: ca. 19 x 26 cm
Vorlagen: Seite 48

Materialverbrauch:
- 0,30 m Baumwollstoff diagonal geschnitten (140 cm breit)
- 0,30 m Volumenvlies
- 40 cm Schrägband

So wird es gemacht:

Laut Vorlage einen Schnitt anfertigen, 2-mal aus Stoff und 2-mal aus Volumenvlies zuschneiden. Je eine Schicht Stoff und Vlies mehrmals diagonal absteppen, so dass gleichmäßige Rhomben entstehen. Teile rechts auf rechts legen, zusammensteppen und die Kanten versäubern. Wenden. Obere Kante mit fertigem Schrägband einfassen. Dabei eine größere Hängeschlaufe bilden.

Topflappen
Modell 5

Schwierigkeitsgrad: ✻✻
Größe: ca. 20 x 20 cm
Vorlagen: Seite 49

Materialverbrauch:
- 0,20 m Pepitastoff
- Stoffreste für die Applikation
- Volumenvlies
- 90 cm fertiges Schrägband zum Einfassen

So wird es gemacht:

Ein Quadrat doppelt aus dem Pepitastoff und einfach aus Volumenvlies zuschneiden. Ein kleines Quadrat aus dem geblümten Stoff und Streifen aus dem gleichen Dessin (mit Saumzugaben) zuschneiden. Quadrat in die Mitte eines Pepita-Vierecks platzieren und heften. Die Streifen so zusammennähen, dass an jeder Ecke ein 90° Winkel entsteht, dabei sollte die Nahtverbindung diagonal sein. Die Kanten des Streifenkaros umbügeln, mittig auf das Topflappenteil legen und schmalkantig absteppen. Pepitateile links auf links, mit der Schicht Vlies dazwischen legen, heften, mit fertigem Schrägband einfassen. Eine größere Schlaufe zum Hängen bilden.

Schürze
Modell 6

Schwierigkeitsgrad: ✻
Einheitsgröße
Vorlagen: Seite 50

Materialverbrauch:
- 0,95 m Baumwollkaro (140 cm breit)
- 0,25 cm Pepitastoff (140 cm breit)
- Öse zum Einstanzen

So wird es gemacht:

Nach der Schemazeichnung von Seite 50 einen Schnitt für Schürze und Tasche anfertigen und zuschneiden. An der Tasche am oberen Rand eine breitere Saumblende anschneiden, umbügeln und absteppen. Die Nahtzugaben der restlichen Kanten umbügeln, Tasche schmalkantig auf das Schürzenteil aufsteppen. In der Mitte längs durchsteppen. Zwei Träger je 3 x 80 cm, einen 3 x 100 cm (plus Nahtzugaben) anfertigen: Stoff der Länge nach rechts auf rechts mittig falten. Die lange und eine kurze Kante steppen. Dabei die kurzen Enden schräg steppen und wenden. Schürze rundherum säumen (oben ca. 5 cm, unten 1 cm, Armrundungen 0,5 cm breit). Der Halsträger wird nur an der rechten Seite des Schürzenteils festgesteppt. Links oben eine größere Öse einarbeiten, den Träger durchziehen und mit einem Knoten haltbar machen.

Verlockend gedeckt

Stuhlkissen mit Rüsche und Hotelverschluss

Modell 7

***Schwierigkeitsgrad:* ✻**
Größe: 40 x 40 cm
(Stuhlfläche individuell messen)

Materialverbrauch:
- 0,45 m gestreifter Baumwollstoff (140 cm breit)
- 0,25 m geblümter Stoff (140 cm breit) für die Rüsche

So wird es gemacht:

Für die Rüsche zwei Stoffstreifen von 12 x 140 cm zuschneiden, zu einem langen Band aneinander nähen und dieses zum Kreis schließen. Den Rüschenstreifen der Länge nach mittig links auf links falten und bügeln. Offene Kanten mit einem großen Geradstich einreihen (Grundbegriffe Nähen Seite 60). Rüschenstreifen auf eine Länge von 165 cm (entspricht ca. Kissenumfang) zusammenschieben.
Für die Kissenoberseite ein 42 x 42 cm großes Quadrat zuschneiden. Die Rückseite des Stuhlkissens besteht aus zwei Teilen, die sich ca. 6 cm weit überlappen. Dafür zwei Teile von je 30 x 42 cm zuschneiden. An je einer der langen Kanten, die sich überlappen werden, Saumzugaben umbügeln und 2,5 cm breit absteppen. Beide Teile links auf rechts so legen, dass sie ca. 6 cm weit übereinander liegen. Die Teile an beiden Seiten ein Stück weit aufeinander steppen.
Kissenoberseite und vorbereitete Rückseite rechts auf rechts legen, dazwischen die Rüsche mit den offenen Kanten nach außen weisend feststecken. Rundherum steppen und dabei die Rüsche zwischenfassen. Hülle wenden. Durch die Öffnung kann man das Kissen einfüllen. Man benötigt keinen anderen Verschluss.

Stoffserviette

Modell 8

***Schwierigkeitsgrad:* ✻**
Größe: Serviettengröße: 40 x 40 cm

Materialverbrauch:
0,45 m Baumwollstoff (140 cm breit)

So wird es gemacht:

Ein Quadrat von 42 x 42 cm zuschneiden. Kanten ca. 0,5 cm doppelt umbügeln und absteppen. Die Ecken vor dem Absteppen schräg falten, so dass eine kleine Briefecke entsteht (Grundbegriffe Nähen Seite 61). Stoffservietten nach Belieben mit Monogrammstickerei oder kleinen Applikationen verzieren.

Tipp:
Fertig gekaufte Platzsets können individuell verschönert werden. Steppen Sie je zwei Bindebänder (von 3 x 35 cm) an der rechten, oberen Ecke fest und befestigen Sie damit die Stoffserviette.

Tischdecke

Modell 9

***Schwierigkeitsgrad:* ✻**
Größe: für eine Tischgröße von 90 cm Durchmesser

Materialverbrauch:
- 1,40 m bedruckter Baumwollstoff (140 cm breit)
- ca. 6 m fertiges Einfassband

So wird es gemacht:

Aus dem Stoff einen Kreis von 140 cm Durchmesser zuschneiden. Kreis mit Hilfe eines an einer 70 cm

langen Schnur befestigten Bleistiftes ziehen, die Mitte mit einem Reißnagel fixieren. Für eingefasste Kanten benötigt man keine Nahtzugaben. Außenkante mit vorgefalztem Schrägband einfassen (Grundbegriffe Nähen Seite 60) und schmalkantig oder mit einem kleinen Zickzackstich feststeppen.

Ein Pool sorgt für Abkühlung

Windstilles Plätzchen

Große Bodenkissen
Modell 10

Schwierigkeitsgrad: ✻✻
Größe: 54 x 60 cm

Materialverbrauch:
- Je 0,75 m gestreifter Stoff (160 cm breit) in verschiedenen Farbkombinationen
- 2 Reißverschlüsse (55 cm)
- zwei dicke Schaumstoffplatten 10 x 54 x 60 cm (Baumarkt)

So wird es gemacht:

Einen Stoffstreifen von 143 x 57 cm und zwei Seitenteile von 12 x 57 cm zuschneiden. An die schmalen Kanten des langen Stoffstreifens einen Reißverschluss nähen (Grundbegriffe Nähen Seite 60), schließen und dadurch zum Stoffring formen. Ring wenden, so dass die rechte Stoffseite innen liegt. An beide offenen Seiten je eines der Seitenteile rechts auf rechts einheften und nähen. Der Reißverschluss soll an eine der kurzen Kanten des Seitenteils zu liegen kommen. Nähte versäubern. Kissenhülle wenden und mit der Schaumstoffplatte füllen.

Kissen mit Stehsaum
Modell 11

Schwierigkeitsgrad: ✻✻
Größe: Kissengröße 38 x 38 cm, gesamte Hüllengröße 52 x 52 cm

Materialverbrauch:
- 0,55 m gestreifter Stoff (160 cm breit)
- Reißverschluss, 30 cm lang

So wird es gemacht:

Für das Vorderteil ein Quadrat von 54 x 54 cm und für die Rückseite zwei Teile je 28 x 54 cm zuschneiden. Die zwei schmalen Teile rechts auf rechts legen und jeweils ca. 11 cm weit von oben und unten her zunähen. Die offenen Kanten umbügeln. Reißverschluss einheften und festnähen (Grundbegriffe Nähen Seite 60). Vorder- und Rückenteil rechts auf rechts legen und zusammensteppen. Hülle durch die Reißverschlussöffnung wenden. Ca. 7 cm innerhalb der Kante rundherum absteppen. Kissen einfüllen.

Paravent
Modell 12

Schwierigkeitsgrad: ✻
Größe: für einen Paravent von 132 x 156 cm

Materialverbrauch:
- 1,70 m gestreifter Stoff (160 cm breit)

So wird es gemacht:

Paravent individuell ausmessen. Drei bedruckte Stoffbahnen nach den Maßen Ihres Paravents zuschneiden, plus jeweils 2 cm Saumzugaben seitlich und 6 cm am oberen und unteren Rand. Säume umschlagen und absteppen. Stoffbahnen oben und unten mit Hilfe eines Tackers an den Stangen des Paravents befestigen.

Entspannende Urlaubslektüre

Strandtasche
Modell 13

Schwierigkeitsgrad: ✻
Größe: 45 x 60 cm

Materialverbrauch:
- 0,85 m gestreifter Stoff (160 cm breit)
- 2 Bambusstäbe als Tragegriffe, ca. 60 cm lang

So wird es gemacht:

Tasche: zwei Teile für die Tasche 51 x 62 cm (Streifenmuster längs) und ein Teil für die Außentasche 28 x 62 cm (Streifenmuster quer) zuschneiden. Die beiden Taschenteile an einer der langen Kanten ca. 4,5 cm breit säumen.

Bindebänder: acht Streifen von 5 x 32 cm zuschneiden (fertige Maße 3 x 30 cm) und der Länge nach rechts auf rechts falten. Die lange und eine kurze Seite steppen. Mit Hilfe eines Stiftes durch die Öffnung wenden.

Den Stoff für die Außentasche an einer langen Kante umschlagen und ca. 2,5 cm breit absteppen. Je eine Außentasche links auf rechts auf ein Taschenteil legen, Unterkanten bündig. Mit senkrechten Nähten beliebig viele Fächer durchsteppen. An die gesäumten Oberkanten der Taschenteile die vier Bänder in regelmäßigen Abständen verteilen. Bänder saumbreit innerhalb der Kante feststecken und in Form eines Rechtecks feststeppen. Taschenteile rechts auf rechts legen, Seiten und Unterkanten zusammensteppen, versäubern und Tasche wenden. Seitlich der Öffnung ein Stück weit parallel zur Naht zusteppen, damit die Seitennähte beim Öffnen nicht sichtbar sind. Bindebänder an die zwei Bambusstäbe knoten.

Auflage für Deckchair
Modell 14

Schwierigkeitsgrad: ✻
Größe: 50 x 175 cm

Materialverbrauch:
- 1,80 m gestreifter Stoff (160 cm breit)
- 50 cm Klettband
- Schaumstoffplatte 50 x 175 cm (Baumarkt)
- 120 cm Kordelband

So wird es gemacht:

Eine Stoffbahn von 52 x 177 cm (fertig 50 x 175 cm) für die Vorderseite zuschneiden. Die rückwärtige Seite besteht aus zwei Teilen: einmal 52 x 54 cm und einmal 52 x 129 cm zuschneiden. An beiden Teilen jeweils eine der 52 cm langen Kanten umbügeln und ca. 2,5 cm säumen. Auf jeden Saum eine Schicht des Klettbandes nähen. Das Klettband schließen. Die Enden der Öffnung feststeppen. Alle Ecken der Stoffbahnen und der Schaumstoffplatte gleichmäßig abrunden. Vordere und rückwärtige Stoffbahn rechts auf rechts legen und entlang der Außenkante zusammensteppen. Nun wenden, Schaumstoffmatte einschieben und die Öffnung mit Klettband schließen.

Um die Auflage zu befestigen, in den Seitennähten rechts und links je zwei Kordelbänder mitfassen und diese an die Liege binden.

Nackenrolle

Modell 15

Schwierigkeitsgrad: ✻
Größe: für eine Nackenrolle von 45 cm Länge

Materialverbrauch:

- 2,00 m gestreifter Stoff (160 cm breit)
- fertige Nackenrolle

So wird es gemacht:

Eine 57 x 200 cm lange Stoffbahn zuschneiden, so dass die Streifen längs verlaufen. Die langen Kanten rechts auf rechts legen und zusammensteppen. An den kurzen Kanten jeweils einen ca. 20 cm breiten Saum absteppen und wenden. Nun die Nackenrolle bis zur Mitte der Hülle einschieben. Beide Hüllenenden mit einem Knoten verschließen. Nackenrolle mit Kordelband am Deckchair befestigen.

Ein kleines Wohnparadies

Gemütlich fernsehen

Kissen mit Schleifendekor

Modell 16

Schwierigkeitsgrad: ✻
Größe: 38 x 38 cm

Materialverbrauch:
- 0,40 m Stoff
- Füllwatte
- je 60 cm Satinbänder in 3 Farben

So wird es gemacht:

Einen Stoffstreifen von 40 x 78 cm zuschneiden. Stoff quer zur Mitte rechts auf rechts falten. Alle Kanten zusteppen, dabei eine Öffnung für die Füllung lassen. Kissenhülle wenden und mit Watte füllen. Wendeöffnung schmalkantig zusteppen. Jeweils ca. 20 cm Satinband in verschiedenen Farben zu Schleifen binden. Diese Schleifen in drei Reihen und in Abständen von ca. 10 cm auf das Kissen nähen.

Tipp:
Anstelle der Schleifenbänder können Sie aus farbigen Wollresten kleine, kuschelige Tuffs aufnähen. Dafür einen oder mehrere Wollfäden dick um die zusammengelegten Zeige- und Mittelfinger wickeln und das Fadenbündel sehr fest abbinden. Die Fadenenden lang genug lassen, um sie zum Festnähen benutzen zu können. Schlaufen aufschneiden, so dass sich ein weiches Büschel bildet.

Kissen mit Filzborten

Modell 17

Schwierigkeitsgrad: ✻
Größe: 30 x 30 cm

Materialverbrauch:
- 0,35 m Fleecestoff
- Füllwatte
- 1 m Filzborte mit Zackenrand
- 1 m Schrägstreifen

So wird es gemacht:

Zwei Quadrate von 32 x 32 cm aus Fleecestoff zuschneiden. Die Filzborte in drei gleich lange Teile schneiden. Die gerade Kante der Filzborte mit Schrägband einfassen (Grundbegriffe Nähen Seite 60) und in gleichen Abständen auf die rechte Seite der Kissenvorderseite steppen. Beide Kissenteile rechts auf rechts legen und zusammensteppen. Dabei eine Öffnung für die Füllung lassen. Kissenhülle wenden, mit Watte füllen. Die Füllöffnung schmalkantig absteppen.

Tipp:
Auch Spitzenborten machen sich als Verzierung auf einem solchen Kissen gut. Dafür die Spitzen mit Textilfarbe passend einfärben.

Bodenkissen mit Trageschlaufe

Modell 18

Schwierigkeitsgrad: ✻
Größe: 80 cm Durchmesser

Materialverbrauch:
- 1,70 m Druckstoff
- Füllwatte
- großer Knopf für die obere Kissenseite
- kleiner Knopf für die Rückseite
- ca. 4 m Kordel

So wird es gemacht:

Zwei Stoffkreise von je 82 cm Durchmesser zuschneiden. Beide Teile rechts auf rechts legen und rundherum zusammensteppen. Eine Öffnung zum Füllen lassen. Sechs gleichlange Kordelteile schneiden und mit je zwei Strängen zum Zopf flechten. Kissen mit Watte füllen. Wendeöffnung schmalkantig zusammensteppen, dabei die nebeneinander gelegten Zopfenden einschieben und in der Naht mitfassen. In den Mittelpunkt des Kissens mit einer langen Nadel auf der Vorderseite den großen Knopf annähen und diesen auf der Rückseite mit dem kleinen Knopf als Gegenstück befestigen.

Tipp:
Wenn Sie eine dickere Kordel für die Trageschlaufe verwenden, brauchen Sie sie zum Zopfbinden nicht doppelt legen. Als Ersatz für den Knopf in der Mitte des Kissens eignet sich ein kleiner Pompon oder ein geknüpfter Tuff aus Wolle.

Gut aufgeräumt

Taschenvorhang

Modell 19

Schwierigkeitsgrad: **
Größe: 148 x 215 cm
Vorlagen: Seite 51

Materialverbrauch:

- 3,60 m Organza (160 cm breit)
- künstliche Sonnenblumen in verschiedenen Größen (Bastelgeschäft)
- 150 cm Bleiband nach Bedarf

So wird es gemacht:

Vorhang nach den Maßen der Schemazeichnung zuschneiden: 154 x 221 cm (fertig 148 x 215 cm). Vorhang an allen Kanten ca. 2 cm breit säumen. In den unteren Saum nach Bedarf ein Bleiband einarbeiten.
24 Taschenteile zu je 24 x 31 cm zuschneiden. Jeweils eine der kurzen Kanten der Taschen 2,5 cm breit säumen, die restlichen Kanten 1 cm umbügeln. Jeweils 4 Taschen pro Reihe in Abständen von 12 cm nebeneinander, die Reihen in Abständen von 6 cm untereinander, (Schemazeichnung Seite 51) schmalkantig auf den Vorhang steppen. Die untere Taschenreihe endet 13 cm oberhalb der fertigen Vorhangkante. Für die Schlaufen der Oberkante einen Streifen von 11 x 140 cm (fertig 4,5 x 140 cm) zuschneiden. Streifen der Länge nach rechts auf rechts falten und die langen Kanten zusammensteppen. Streifen mit Hilfe eines Stiftes wenden und in sieben gleich lange Teile schneiden. Kanten der Schlaufenenden nach innen schlagen und versäubern. Die Schlaufen wie abgebildet zur Mitte falten und von links am oberen Rand des Vorhangs feststeppen.

Tipp:
Legen Sie in die Taschen, was Ihnen lieb und teuer ist – kleine, leichte Schmuckstücke, getrocknete Rosenblätter, Postkarten von Freunden, schöne Federn und vieles mehr.

Fernsehdecke

Modell 20

Schwierigkeitsgrad: **
Größe: 120 x 180 cm
Vorlagen: Seite 56

Materialverbrauch:

- 2,00 m Wollstoff für die Decke und die ausgefransten Streifen (160 cm breit)
- 1,55 m Karostoff für die Applikation (140 cm breit)
- bunte Blätter aus Kunstleder oder Filz (z. B. von Union Knopf)

So wird es gemacht:

Den Wollstoff 130 x 190 cm zuschneiden (fertig 120 x 180 cm). Den Karostoff 50 x 152 cm zuschneiden und die Ränder ca. 1 cm breit umbügeln. Karostoff mit der linken Seite nach unten in die Mitte des Wollstoffteils legen und schmalkantig feststeppen. Aus dem Wollstoff drei lange (6 x 174 cm) und zwei kurze (6 x 60 cm) Streifen schneiden und die Kanten ausfransen. Streifen nach Schema (Seite 56) auf den Karostoff platzieren, so dass die abgesteppten Kanten verdeckt sind. Streifen entlang ihrer Mittellinie durchsteppen. Die beim Zuschnitt des Wollstoffes berücksichtigte Blende nähen (fertig 4 cm), wie im Lehrgang „Blende mit Briefecke“ auf Seite 61 beschrieben. Nach Belieben bunte künstliche Blätter über die Decke verstreut mit jeweils einem kleinen Stich von Hand anbringen.

Tipp:
Sollte sich der Wollstoff für die Streifen nicht ausfransen lassen, schneiden Sie die Kanten mit der Zackenschere dekorativ zu.

Wir sind im Garten

Einladung zum Fest

Biertischdecke
Modell 21

***Schwierigkeitsgrad:* ✻**
Größe: für eine Tischgröße von 50 x 220 cm
Vorlagen: Seite 52

Materialverbrauch:
- 4,50 m bedruckter Baumwollstoff (140 cm breit)
- 0,20 m Pepita Garniturstoff (150 cm breit)

So wird es gemacht:

Stoffbahnen zuschneiden: eine mittlere Bahn 224 x 54 cm (fertig 220 x 50 cm), zwei Seitenteile 77 x 54 cm (fertig 73 x 50 cm), zwei Seitenteile 224 x 77 cm (fertig 220 x 73 cm). An den Seitenteilen die drei außen liegenden Kanten, siehe Schemazeichnung Seite 52, säumen. Alle Seitenteile wie abgebildet rechts auf rechts an das mittlere Teil legen und annähen, Nähte mit Zickzackstich versäubern und bügeln.
8 Bindebänder von je 10 x 37 cm (fertig 4 x 35 cm) aus dem Garniturstoff zuschneiden und nähen: Stoffstreifen der Länge nach rechts auf rechts falten. Die lange und eine kurze Kante steppen. Band durch die Öffnung mit Hilfe eines Stiftes wenden. Das offene Ende versäubern. Bindebänder ca. 15 cm unterhalb der Ecke der Tischdecke (Schemazeichnung, Markierung) an den Kanten der Seitenteile feststeppen. Beim Auflegen auf den Tisch dekorative Schleifen binden.

Bankhusse
Modell 22

***Schwierigkeitsgrad:* ✻**
Größe: für eine Bankgröße von 25 x 220 cm
Vorlagen: Seite 53

Materialverbrauch:
- 2,25 m Baumwollstoff uni (150 cm breit)
- 0,15 m Pepita Garniturstoff

So wird es gemacht:

Stoffbahnen zuschneiden: ein Teil 224 x 27 cm (fertig 220 x 25 cm), zwei Seitenteile 47 x 27 cm (fertig 43 x 25 cm) und zwei Seitenteile 224 x 47 cm (fertig 220 x 43 cm). An den Seitenteilen die drei außen liegenden Kanten säumen. Seitenteile wie abgebildet rechts auf rechts an das mittlere Teil legen und annähen, Nähte mit Zickzackstich versäubern und bügeln.
8 Bindebänder von 6 x 27 cm (fertig 2 x 25 cm) aus dem Garniturstoff zuschneiden und nähen: Stoffstreifen der Länge nach rechts auf rechts mittig falten. Die lange und eine kurze Kante steppen. Band durch die Öffnung mit Hilfe eines Stiftes wenden. Das offene Ende versäubern. Bindebänder ca. 10 cm unterhalb der Ecke der Bankhusse (Schemazeichnung, Markierung) an den Außenkanten feststeppen. Beim Auflegen auf die Bank dekorative Schleifen binden.

Trinkglasabdeckung

Modell 23

Schwierigkeitsgrad: ✻
Größe: 20 x 20 cm

Materialverbrauch:

- 20 x 20 cm Organza oder Baumwollbatist
- 32 bunte Glasperlen

So wird es gemacht:

Alle Kanten des 20 x 20 cm großen Quadrats mit feinem Zickzackstich versäubern oder von Hand rollieren. Auf einen dicken reißfesten Faden je acht Perlen fädeln, anschließend mit der Nadel durch die ersten drei Perlen wieder zurückstechen. Die so entstandenen Perlenschlaufen an den vier Stoffecken festnähen. Fadenenden länger lassen, verknoten und beide Fäden wieder durch die Perlenreihe ziehen. Enden knapp über einer Perle abschneiden.

Tipp:
Sehr schön wirkt dieses Deckchen auch mit fertiger Perlenborte drumherum.

Bitte nehmen Sie Platz!

20 cm lange Öffnung zum Füllen lassen. Kissenhüllen wenden und mit ausreichend Watte füllen. Zum Schluss die Wendeöffnungen schmalkantig zusteppen.

Längliches Bankkissen
Modell 24

*Schwierigkeitsgrad: **
Größe: 25 x 55 cm

Materialverbrauch:
- 0,60 m Baumwollstoff (140 cm breit)
- 25 x 55 cm Schaumstoffplatte

So wird es gemacht:

Zwei Baumwollstoffe 27 x 57 cm zuschneiden (fertig 25 x 55 cm) und rechts auf rechts zusammensteppen. Dabei eine ca. 20 cm lange Öffnung für die Füllung lassen. Bezug wenden und mit dem Schaumstoff füllen. Die Öffnung schmalkantig zusteppen.

Tipp:
Achten Sie darauf, dass die Schaumstoffplatte nicht zu dick ist, so können Sie das Kissen problemlos in der Waschmaschine waschen.

Zwei quadratische Kissen
Modell 25

*Schwierigkeitsgrad: **
Größe: Kleines Kissen: 24 x 24 cm
Großes Kissen: 38 x 38 cm

Materialverbrauch:
- 0,30 m bedruckter Baumwollstoff (140 cm breit)
- 0,40 m Baumwollstoff uni (140 cm breit)
- waschbare Polyesterwatte

So wird es gemacht:

Für das kleine Kissen ein Stück Baumwollstoff von 26 x 50 cm zuschneiden, für das große Kissen ein Stück Stoff von 40 x 78 cm zuschneiden (fertige Maße 24 x 48 cm bzw. 38 x 76 cm). Stoffbahnen quer durch die Mitte rechts auf rechts zur Hälfte falten und die drei offenen Kanten zusammensteppen. Dabei eine ca.

Innenfutter für Picknickkorb
Modell 26

*Schwierigkeitsgrad: ***
Größe: für eine Korbgröße von 46 x 34 x 24 cm
Vorlagen: Seite 54/55

Materialverbrauch:
- 0,60 m Baumwollstoff (140 cm breit)
- 2 m Satinband

So wird es gemacht:

Stoffteile nach den Maßen der Vorlage plus Nahtzugaben zuschneiden. Die beiden Seitenteile an den kurzen Kanten A und B zusammensteppen. Dabei zur Oberkante hin jeweils 9 cm der Naht offen lassen. Nahtzugaben auseinander bügeln und entlang der offen gelassenen Nahtstelle feststeppen. Bodenfläche nach Vorlage plus Nahtzugabe zuschneiden. Die Unterkante des Seitenteils auf das Maß des Bodenteils einreihen (Grundbegriffe Nähen Seite 60). Eingereihte Kante rechts auf rechts gleichmäßig verteilt auf das Bodenteil stecken, zusammensteppen und mit Zickzackstich versäubern. Die Oberkanten des Seitenteils säumen und jeweils einen schmalen Tunnel absteppen. Je 1 m fertiges Band durch die Tunnel ziehen. Wenden, in den Korb legen. Innenfutter mit zwei Schleifen um die Henkelansätze binden.

Gemütlich schaukeln

Türschild
Modell 27

Schwierigkeitsgrad: ✻✻
Größe: 23 x 39 cm

Materialverbrauch:
- 0,30 m uni Baumwollstoff (140 cm breit)
- ein Motiv aus einem Druckstoff
- Stickgarn
- ca. 46 cm Bambusstange
- Bastfäden

So wird es gemacht:

Stoffteil von 39 x 41 cm zuschneiden. Das Maß beinhaltet die Nahtzugaben und einen ca. 4 cm breiten Tunnel entlang der Oberkante. Die beiden kurzen Seitenkanten und die Unterkante säumen. Die obere Kante 1 cm breit umbügeln und zum Tunnel (ca. 4 cm breit) steppen. Ein Druckmotiv aus einem Garniturstoff mit aufbügelbarem Haftvlies von der linken Seite her bekleben. Das Motiv ca. 3 mm außerhalb der Konturlinie präzise ausschneiden, auf das Stoffschild aufbügeln und die Kontur mit Stielstich (Grundbegriffe Nähen Seite 61) umsticken. Den Text mit demselben Stich aufsticken (Vorlage Seite 55). Die Bambusstange durch den Tunnel schieben und Bastfäden als Hängevorrichtung anknoten.

Auflage für Hängesessel
Modell 28

Schwierigkeitsgrad: ✻
Größe: 58 x 106 cm

Materialverbrauch:
- 1,20 m bedruckter Baumwollstoff (140 cm breit)
- 0,60 m Volumenvlies (140 cm breit)
- ca. 4,50 m fertiges Band für die Schleifen
- Ösen zum Einstanzen

So wird es gemacht:

Zunächst den Hängesessel ausmessen. Unsere Angaben gelten ausschließlich für die abgebildete Größe und Form. Zwei Stoffbahnen von je 60 x 108 cm und eine ebenso große Lage Volumenvlies zuschneiden. Stoffteile rechts auf rechts legen, die gesamte Fläche mit Volumenvlies unterlegen und zusammensteppen. Öffnung zum Wenden frei lassen. Wenden, Öffnung schmalkantig zusteppen. Zur Befestigung entlang der Außenkanten ca. 1 cm breit rundherum absteppen. Auflage auf den Hängesessel legen und die Platzierung der Ösen des Sessels übertragen. 14 Bindebänder von je 30 cm Länge schneiden. Jedes Band zur Mitte falten und mittig auf die Auflage steppen, jeweils zur Öse des Hängesessels passend. Bänder durch die Ösen ziehen und Auflage festbinden.

Zum Schlafen viel zu schade

Wie unter einer Wolke

Tasche
Modell 29

Schwierigkeitsgrad: ✻✻✻
Größe: 22 x 25 cm
Vorlagen: Seite 57

Materialverbrauch:
- 0,40 m fester Baumwollstoff (140 cm breit)
- Kunstlederreste zum Einfassen und für die Trageriemen
- 2 Rosenmotive aus einem Druckstoff
- fester Karton für den Boden

So wird es gemacht:

Zwei Taschenteile 24 x 40 cm (fertig 22 x 38 cm), zwei Außentaschen 15 x 28 cm (fertig 12 x 24 cm) und für den oberen Rand zwei Blendenstreifen von 5 x 78 cm (fertige Breite 3 cm) zuschneiden. Den Boden nach Schemazeichnung zweimal aus Stoff (plus 1 cm Nahtzugabe rundum) und einmal aus Karton zuschneiden. Außentaschen an allen Kanten säumen. Rosenmotive ausschneiden, mit Hilfe von aufbügelbarem Klebevlies auf die Taschen kleben. Kontur mit Stielstich betonen (Grundbegriffe Nähen Seite 61). Außentaschen mittig auf die beiden großen Teile platzieren und schmalkantig aufsteppen. Die großen Taschenteile links auf links legen, an den kurzen Seiten zusammennähen. Die nach außen weisenden Nahtzugaben auseinander bügeln und mit einem ca. 2 cm breiten Streifen Kunstleder bedecken. Ca. 2 mm innerhalb der Kanten nähen. Den zugeschnittenen Karton zwischen die beiden Bodenteile aus Stoff legen, jeweils rechte Stoffseite nach außen weisend. Die Bodenplatte links auf links an die untere Kante der Tasche heften. Die nach außen weisenden offenen Kanten der Bodennaht ebenfalls mit einem Streifen Kunstleder einfassen. Dafür den Lederstreifen links auf links zur Hälfte falten und um die Nahtzugaben legen. Ca. 2 mm innerhalb der Kante nähen, auch die rückwärtige Lederkante mitfassen. Die Länge am Umfang der Bodennaht abmessen. Für die Taschenträger zwei Lederbänder von 6 x 50 cm zuschneiden (ohne Nahtzugabe), der Länge nach links auf links zum Schlauch falten und bis auf ca. 6 cm zusammensteppen. Zwei schmale Lederbänder von ca. 50 cm Länge für die Schleife zuschneiden. Die Blendenstreifen zum Ring schließen, jeweils eine lange Kante ca. 1 cm umbügeln. Blendenstreifen mit der nicht umgebügelten Kante, rechte Stoffseiten liegen auf dem Taschenstoff, innen und außen, entlang der Taschenoberkante feststecken und annähen. Blendenstreifen nach oben klappen. Die umgefalteten Kanten der Blende mit zwei im Abstand von 1 cm nebeneinander parallel verlaufenden Nähten zusammensteppen, dabei die Träger und die Bänder für die Bindeschleife mitfassen. Die Tasche kann mit einer Schleife verschlossen werden.

Himmel
Modell 30

Schwierigkeitsgrad: ✻
Größe: 150 x 600 cm

Materialverbrauch:
- 6,00 m bestickter Organzastoff (150 cm breit)
- Himmelhalter
- 2 Metallringe für die Wandbefestigung

So wird es gemacht:

Alle Ränder der Stoffbahn versäubern, je nach Material mit engem Zickzackstich, mit Overlockstich oder mit einem feinen Saum. Am Besten eine kleine Probe mit dem Originalstoff nähen, da jeder Stoff anders reagiert. Himmelhalter und Ringe über dem Bett an der Wand befestigen und den Stoff beliebig darüber drapieren.

Rosenträume

Herzkissen
Modell 31

Schwierigkeitsgrad: ✻
Größe: ca. 20 x 22 cm
Vorlage: Seite 58

Materialverbrauch:
- 0,30 m Karostoff (140 cm breit)
- Füllwatte

So wird es gemacht:

Zwei Herzteile nach Vorlage mit 0,5 cm Nahtzugabe rundum zuschneiden, das Karomuster verläuft diagonal. Beide Teile rechts auf rechts legen und entlang der Kanten steppen, dabei eine kleine Öffnung zum Wenden lassen. Nahtzugaben an der Innenecke des Herzes einzwicken und an der Herzspitze abschneiden. Herz wenden und mit Watte füllen. Öffnung schließen.

Tipp:
Sie können die Füllwatte mit Lavendelblüten vermischen und das Herz als Duftkissen für den Schrank verwenden.

Duftsäckchen
Modell 32

Schwierigkeitsgrad: ✻
Größe: 8 x 12 cm und 13 x 20 cm

Materialverbrauch:
- 0,15 m Organza (140 cm breit)
- ca. 1 m Satinband

So wird es gemacht:

Zwei Streifen von 10 x 27 cm und 15 x 41 cm (fertige Maße 8 x 24 cm und 13 x 40 cm) zuschneiden. Jeden Streifen rechts auf rechts quer zur Mitte falten und die langen Kanten zusammensteppen. Die offene Oberkante des Säckchens 2 cm breit säumen und einen ca. 0,7 cm breiten Tunnel (je nach Breite des Satinbandes) durchsteppen. An beiden Seitennähten des Tunnels mit einer spitzen Schere kleine Löcher einschneiden. Bänder durchziehen und knoten. Duftsäckchen mit Lavendel, Rosenblättern und Ähnlichem füllen.

Tischdecke
Modell 33

Schwierigkeitsgrad: ✻
Größe: 280 cm Durchmesser

Materialverbrauch:
- 2,80 m Pepitastoff (280 cm breit)
- 0,25 m Rosenstoff (280 cm breit)

So wird es gemacht:

Aus dem Pepitastoff einen Kreis von 280 cm Durchmesser zuschneiden. Den Kreis mit Hilfe eines an einer 140 cm langen Schnur befestigten Bleistiftes ziehen, die Mitte mit einem Reißnagel fixieren. Die Kante mit Zickzackstich versäubern. Den Rosenstoff 25 x 280 cm zuschneiden (fertige Maße ca. 12 x 275 cm) und der Länge nach rechts auf rechts falten. Die kurzen Kanten abgeschrägt zu einer Spitze steppen. Die lange Kante steppen, dabei eine kleine Öffnung zum Wenden frei lassen. Streifen wenden, Öffnung schmalkantig zusteppen. Bügeln. Tischdecke über einem runden Tisch drapieren und mit der Schleife binden. Die Schleife von Hand mit ein paar Stichen an der Decke befestigen, damit sie nicht schwer nach unten hängt.

Unter Blüten träumen

Bettüberwurf

Modell 34

Schwierigkeitsgrad: **
Größe: 200 x 240 cm
Schemazeichnung: Seite 59

Materialverbrauch:
(alle Stoffe 280 cm breit)

- 0,90 m Pepitastoff
- 1,20 m Rosendruck groß gemustert
- 1 m Karostoff
- 0,80 m Rosendruck klein gemustert
- 2,10 m Baumwollstoff uni
- 210 x 250 cm Volumenvlies
- ca. 10 m fertiges Schrägband

Zuschneiden:
1x Mitte, 37 x 77 cm, Rosendruck groß gemustert
2x Streifen 2, 17 x 37 cm, Pepita
2x Streifen 2a, 17 x 107 cm, Pepita
2x Streifen 3, 17 x 67 cm, Karo, im diagonalen Fadenlauf
2x Streifen 3a, 17 x 137 cm, Karo
2x Streifen 4, 39,5 x 97 cm, Rosendruck groß gemustert
2x Streifen 4a, 39,5 x 212 cm, Rosendruck klein gemustert
2x Streifen 5, 17 x 172 cm, Pepita
2x Streifen 5a, 17 x 242 cm, Pepita

So wird es gemacht:

Stoffstreifen rechts auf rechts legen, Kanten mit 1 cm Nahtzugabe zusammennähen. Verteilung der Stoffmuster und Reihenfolge der Schemazeichnung Seite 59 entnehmen. Nach jeder Naht die Nahtzugaben nach außen bügeln.

Nähreihenfolge:
Die Streifen Nr. 2 (Pepita) an die kurzen Seiten des geblümten Mittelteiles nähen, bügeln. Jetzt die Streifen 2a (Pepita) an die langen Seiten der Mitte nähen. Karostreifen 3a, diagonal geschnitten, an die kurzen Seiten des bisher fertiggestellten Mittelteils, Streifen 3 an die langen Seiten ansetzen. Diagonale Kanten nicht dehnen. Streifen 4 (Rosen groß gemustert) an die kurzen Seiten des genähten Mittelteils, Streifen 4a (Rosen klein gemustert) an die langen Seiten anfügen. Streifen 5 (Pepita) an die kurzen Seiten, dann Streifen 5a (Pepita) an die langen Seiten nähen. Quiltoberfläche sorgfältig bügeln.

Den unifarbenen Rückseitenstoff mit der rechten Seite nach unten auf einer großen Fläche ausbreiten, das Volumenvlies darüber legen und die fertige Oberseite mit der rechten Seite nach oben glatt darauf legen. Alle drei Lagen glatt streichen und in handbreiten Abständen heften. Von der Oberseite her in den Nähten durchsteppen. Außenkanten knapp am Rand schmalkantig aufeinander heften und mit dem fertigen Schrägband einfassen (Grundbegriffe Nähen Seite 60).

Hinweis:
Die angegebenen Maße sind nicht verbindlich. Passen Sie den Quilt der Größe Ihres eigenen Bettes an. Am besten behalten Sie die Innenproportion und variieren nur die Breite der äußeren Streifen.

Kissen mit Stehsaum

Modell 35

Schwierigkeitsgrad: ***
Größe: 50 x 50 cm

Materialverbrauch:

- 0,55 m Organza (160 cm breit)
- 0,45 m farbiger Futterstoff (140 cm breit)
- Füllwatte

So wird es gemacht:

Vier Organzastreifen 12 x 52 cm zuschneiden. Je zwei Quadrate von 42 x 42 cm (fertiges Maß 40 x 40 cm) aus Organza und Futterstoff zuschneiden. Für den Stehsaum die Enden von jeweils zwei Organzastreifen links auf links legen und im rechten Winkel abnähen (siehe auch Modell 2, Blendenstreifen um die Serviette). Nächste Streifen ebenso nähen. Nahtzugaben der Enden auf 1 cm zurückschneiden, Nahtzugabenspitze in der Ecke abschneiden. Wenden und Ecken ausformen. Es entsteht ein kompletter Rahmen.
Je ein Quadrat aus Organza und Futterstoff aufeinander heften, beide Kissenseiten mit der Organzaseite nach innen aufeinander legen und Außenkante steppen. Dabei die Organzablende (innen liegend) mitfassen. Ca. 20 cm der Naht zum Wenden offen lassen. Kissen wenden, mit Watte füllen und die Öffnung von Hand schließen oder schmalkantig zusteppen.

Vorlagen

Serviette mit Hohlsaumborte

Modell 2 Seite 10

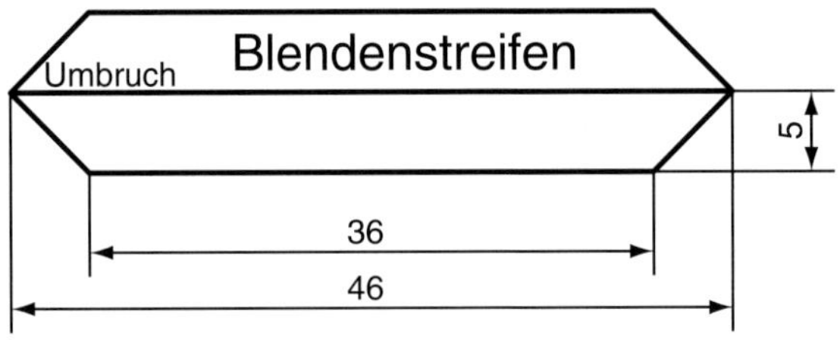

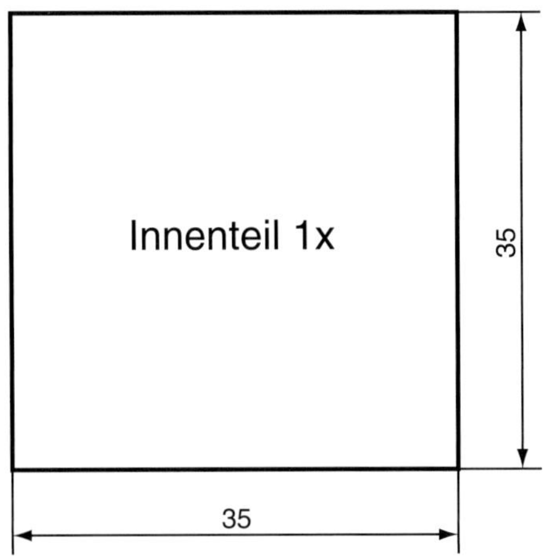

bei fertiger
Hohlsaumbreite
von 1 cm

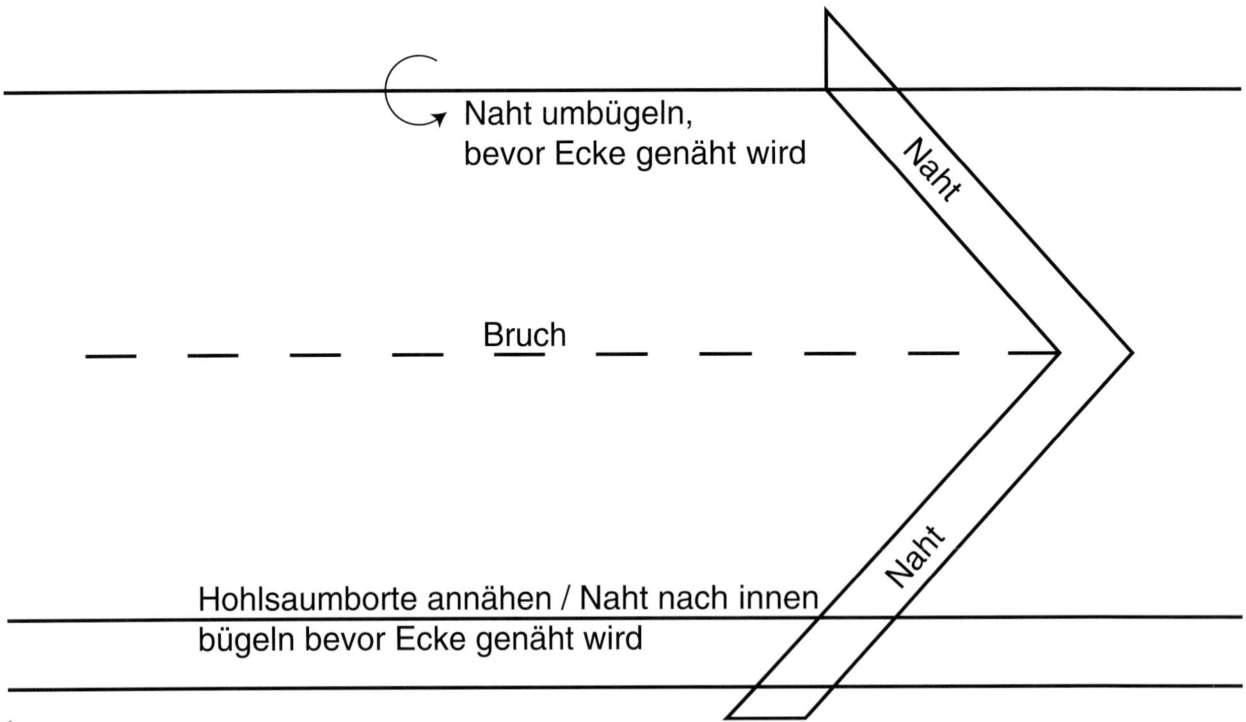

Deckchen für Marmeladenglas

Modell 3 Seite 14

Vorlage in Originalgröße

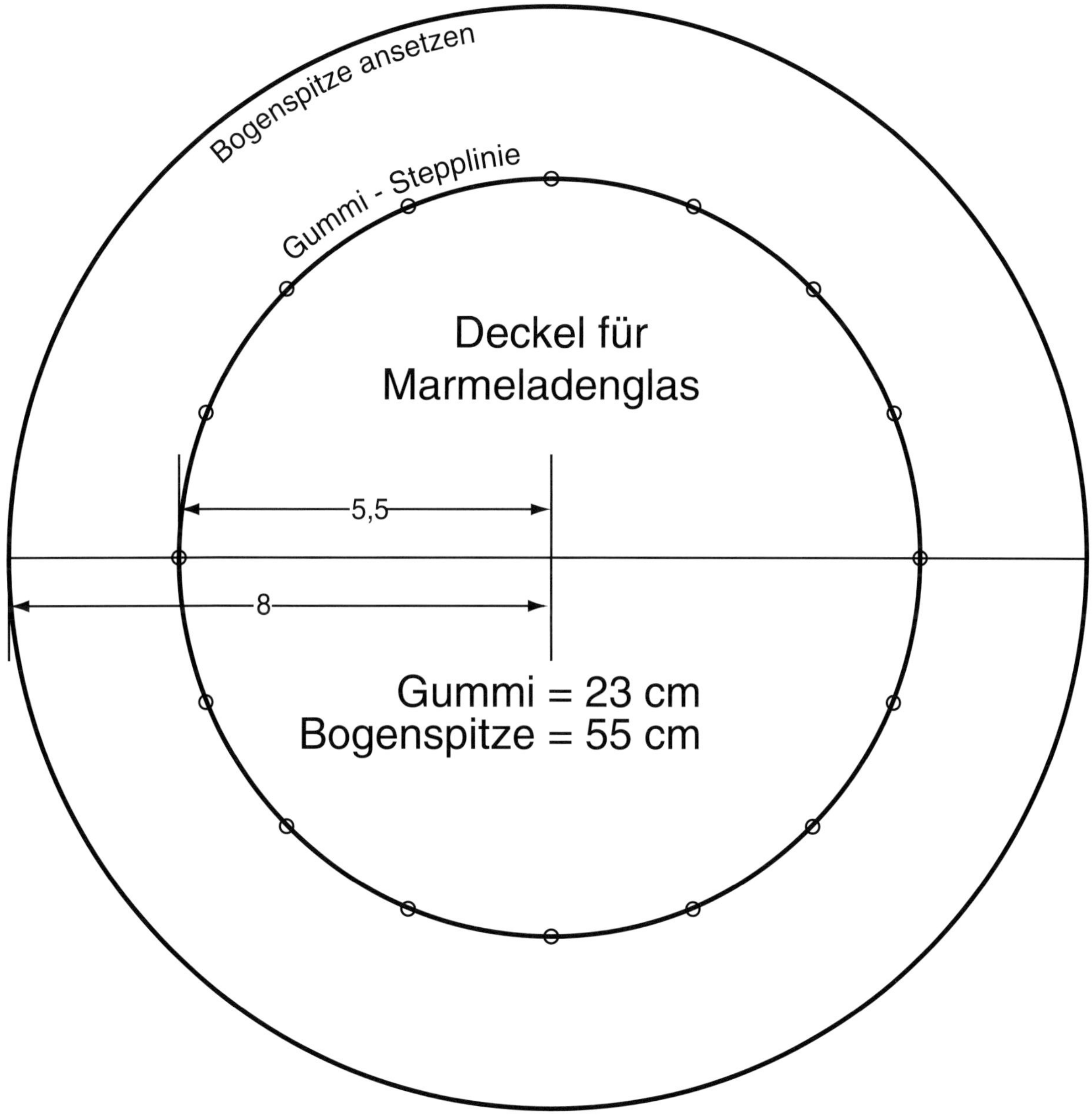

Handschuh

Modell 4 Seite 14
Vorlage in Originalgröße

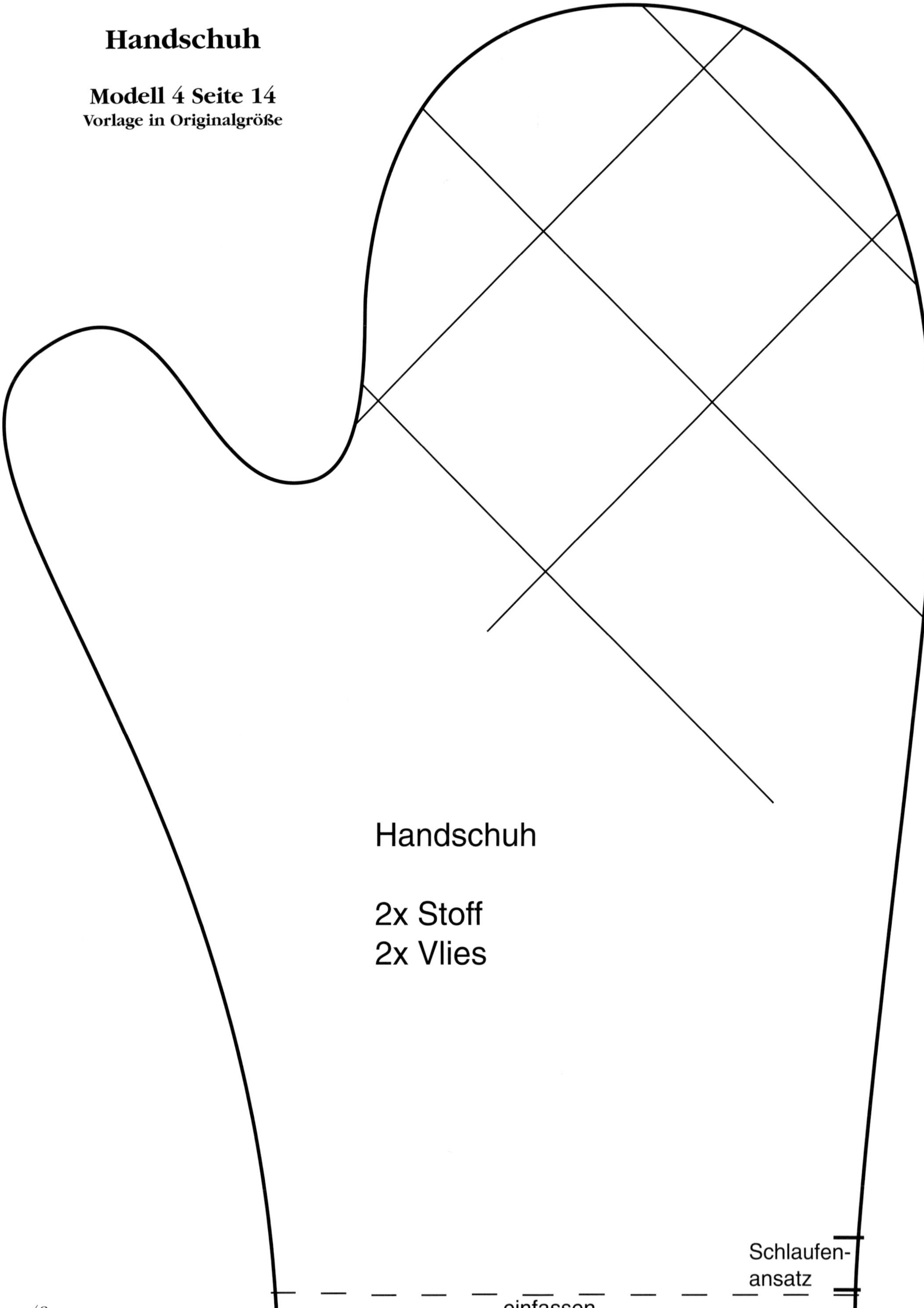

Topflappen

Modell 5 Seite 14

Vorlage um 125% vergrößern

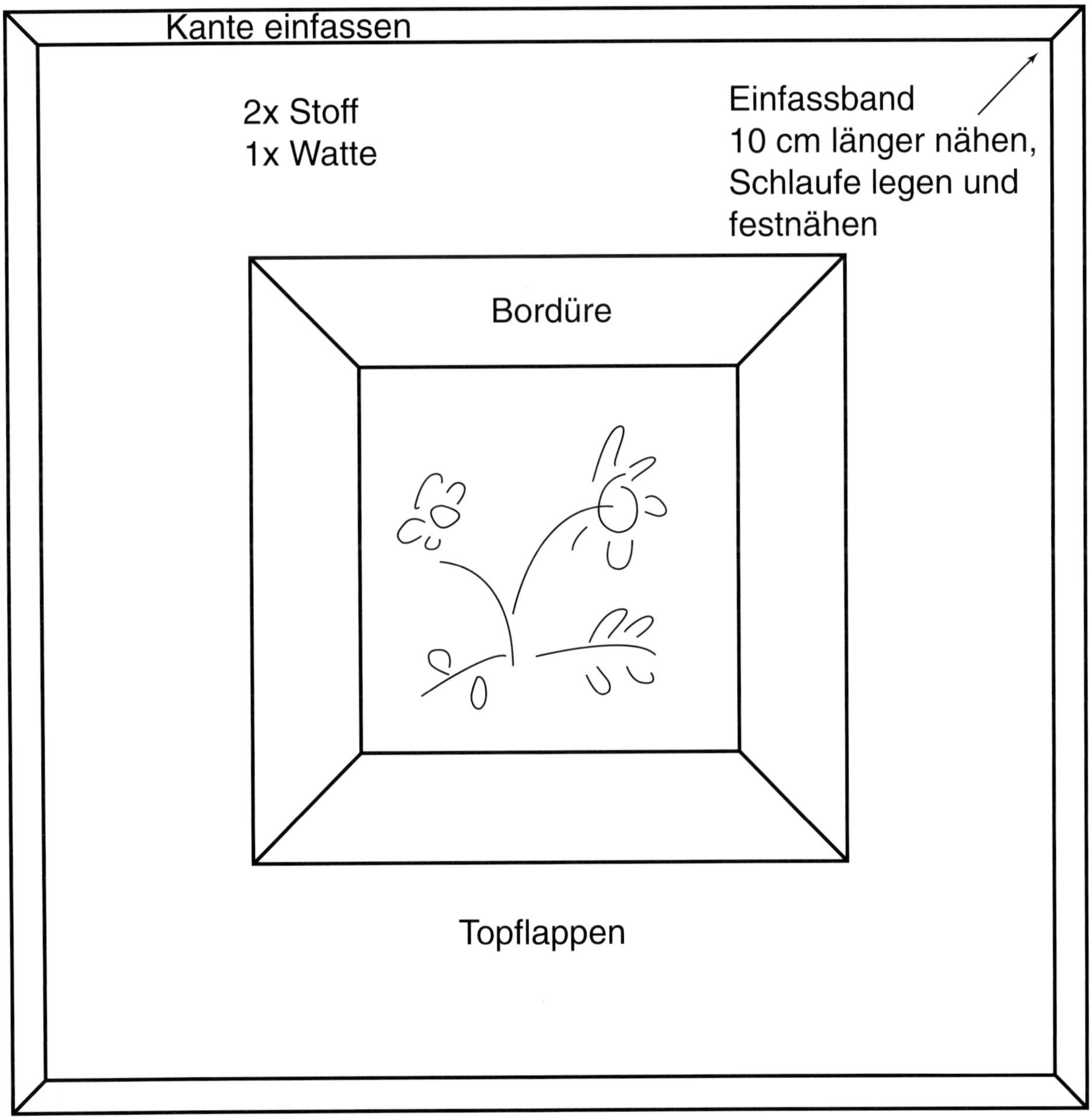

Schürze

Modell 6 Seite 14

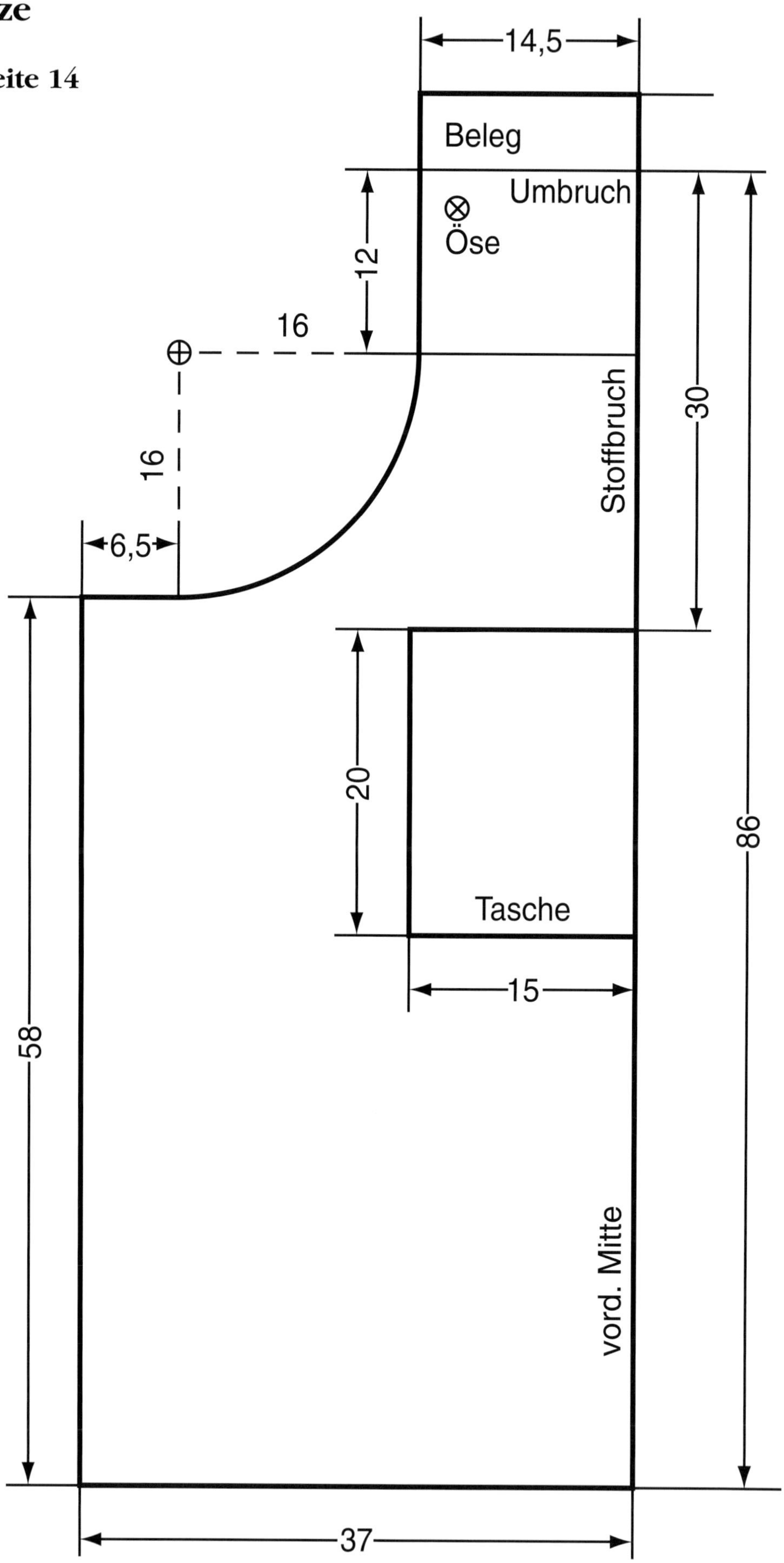

Taschenvorhang

Modell 19 Seite 28

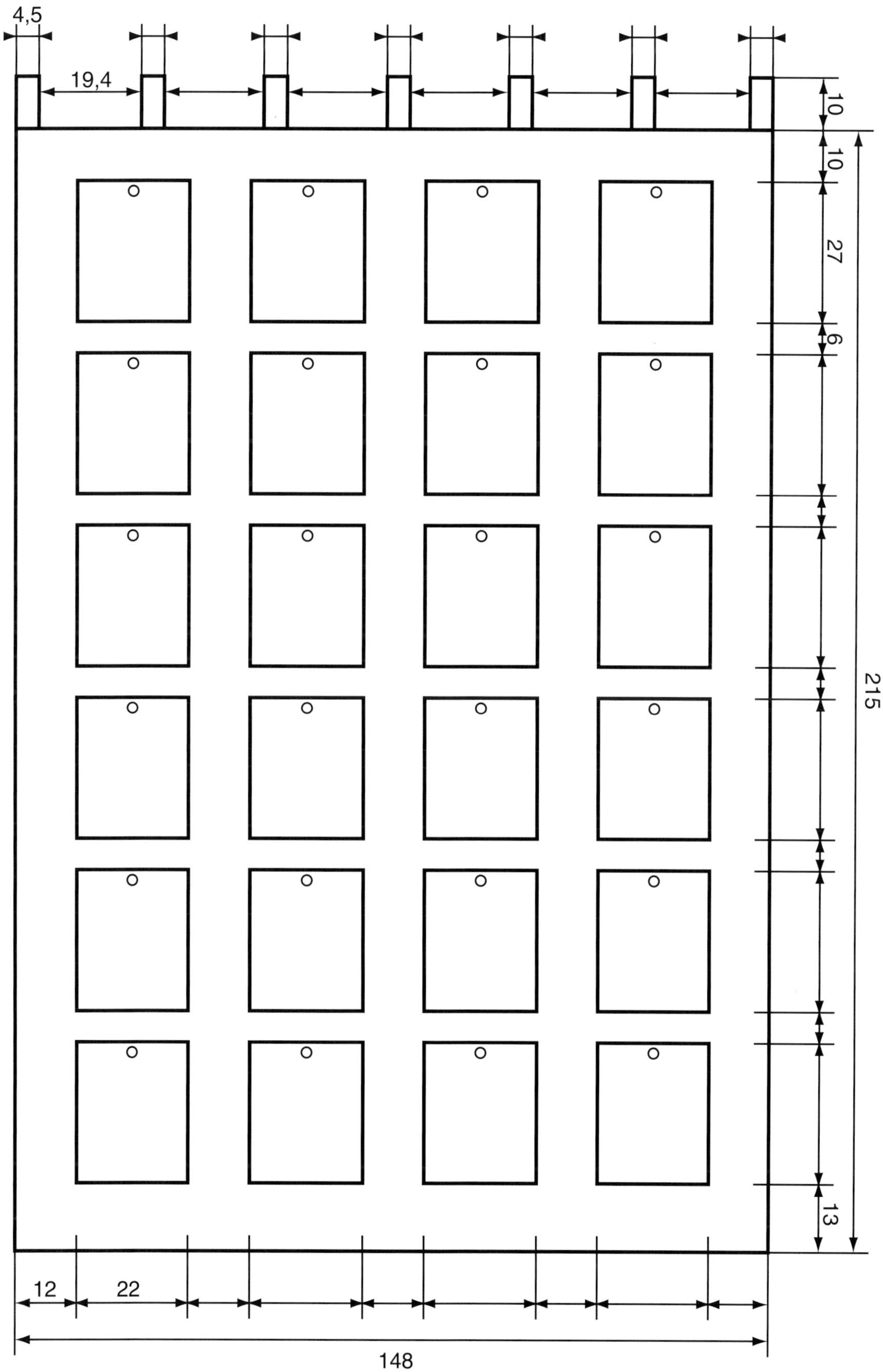

Biertischdecke

Modell 21 Seite 32

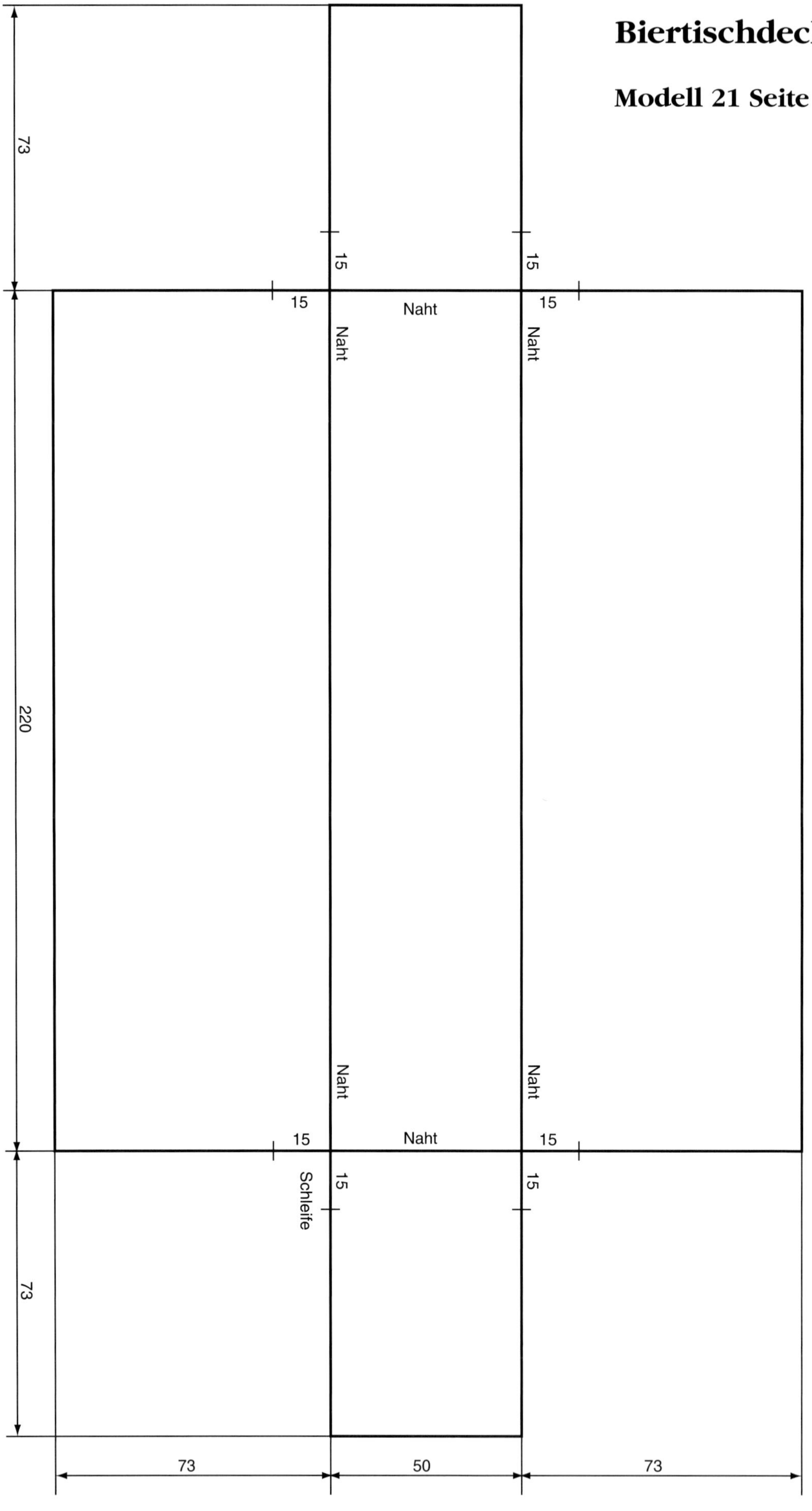

Bankhusse

Modell 22 Seite 32

Innenfutter für Picknickkorb

Modell 26 Seite 34

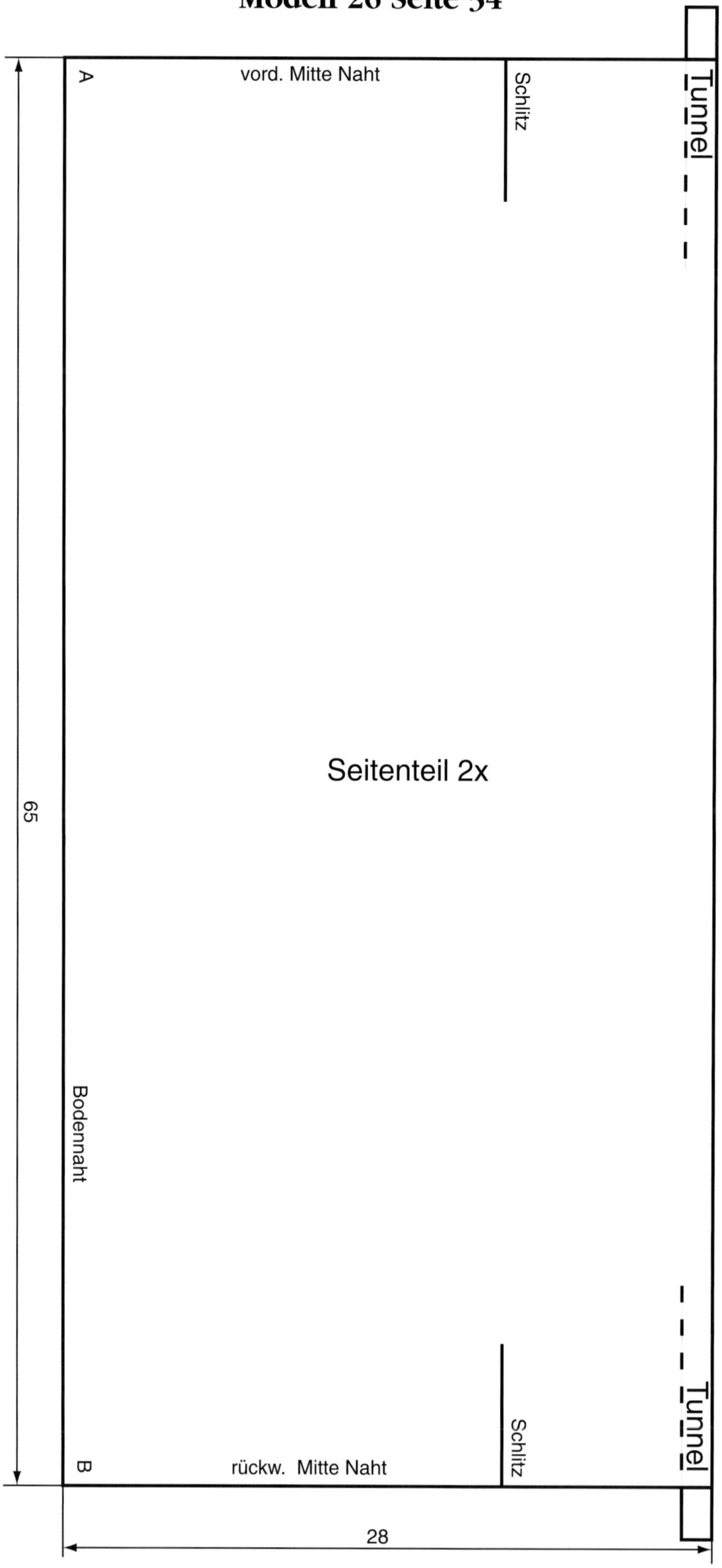

Bodenteil für Picknickkorb

Modell 26 Seite 34

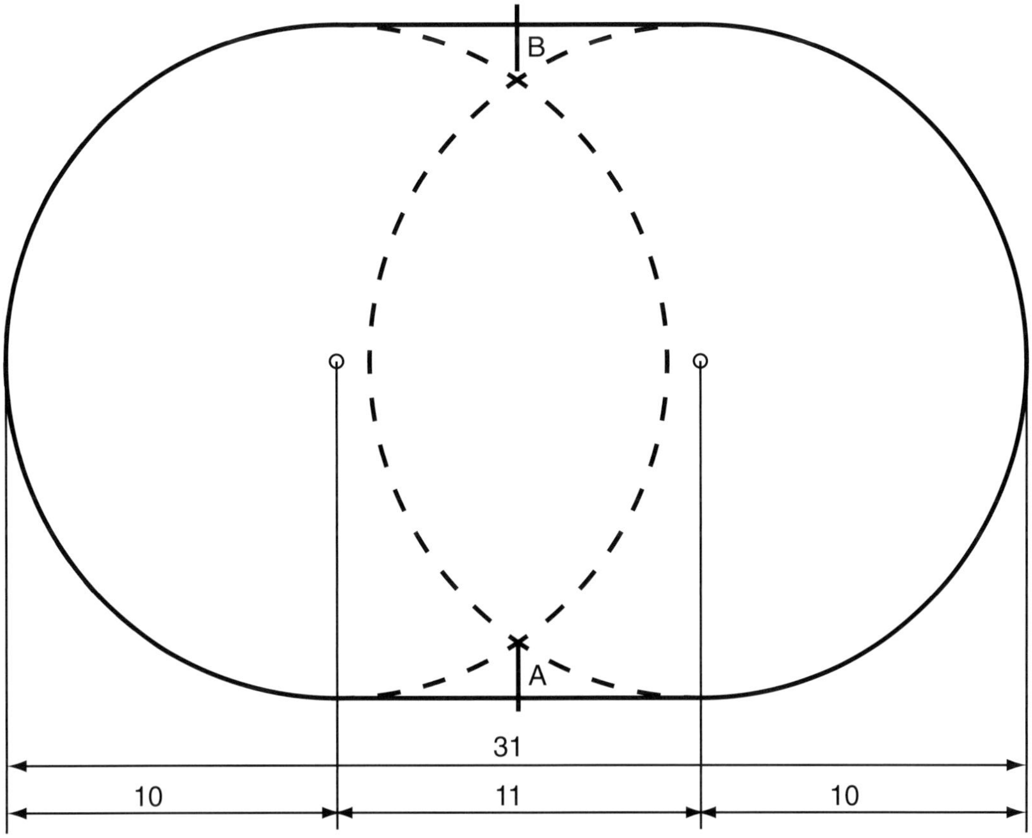

Türschild

Modell 27 Seite 36
Vorlage in Originalgröße

Fernsehdecke

Modell 20 Seite 28

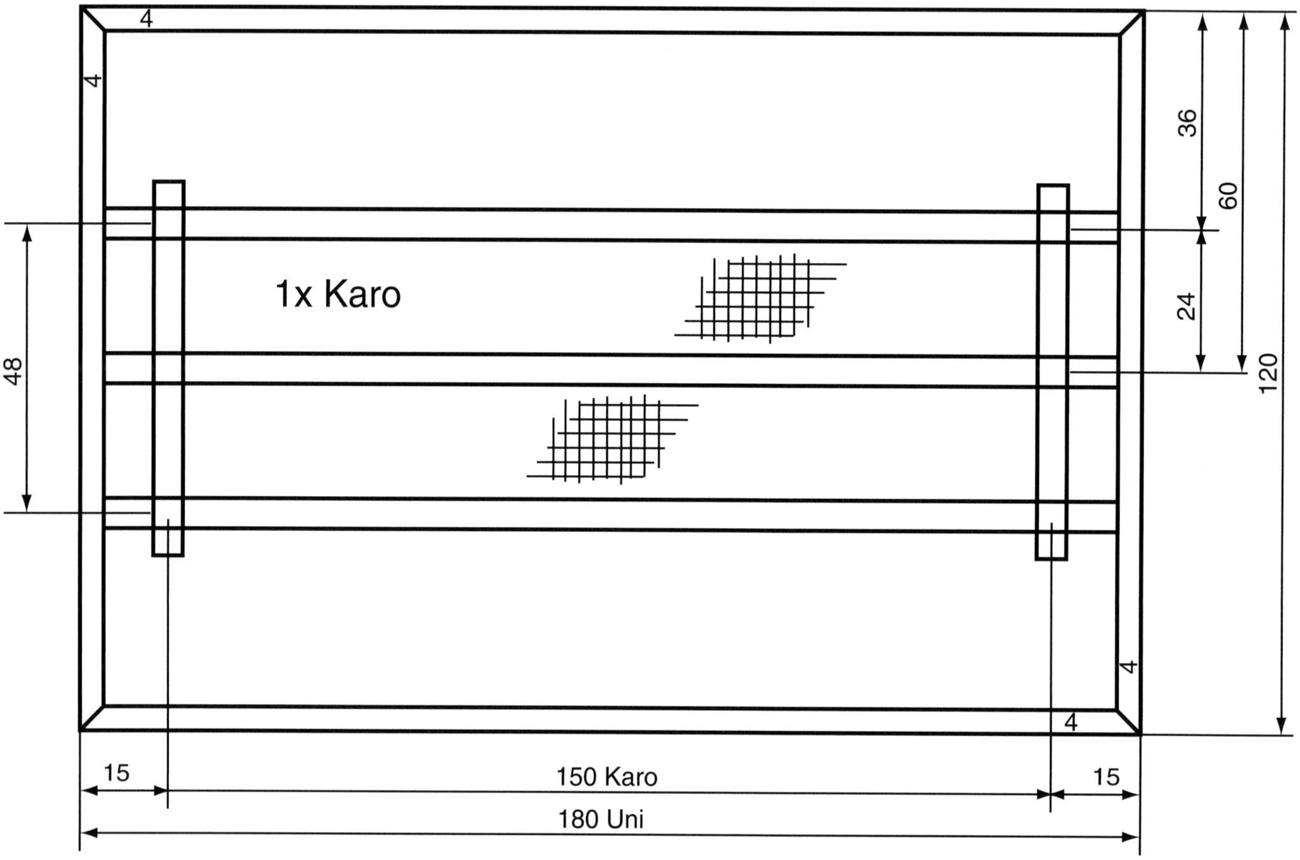

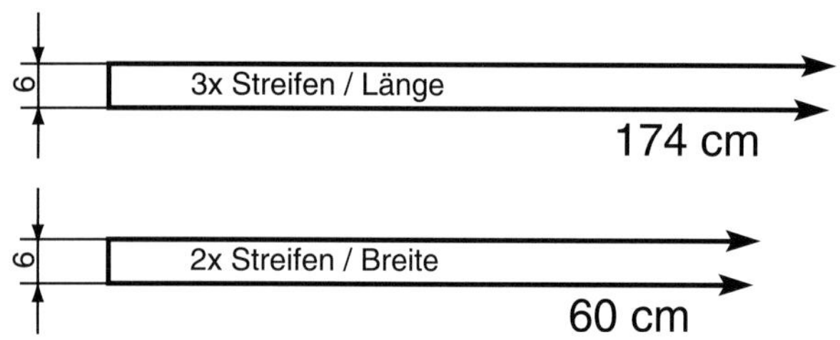

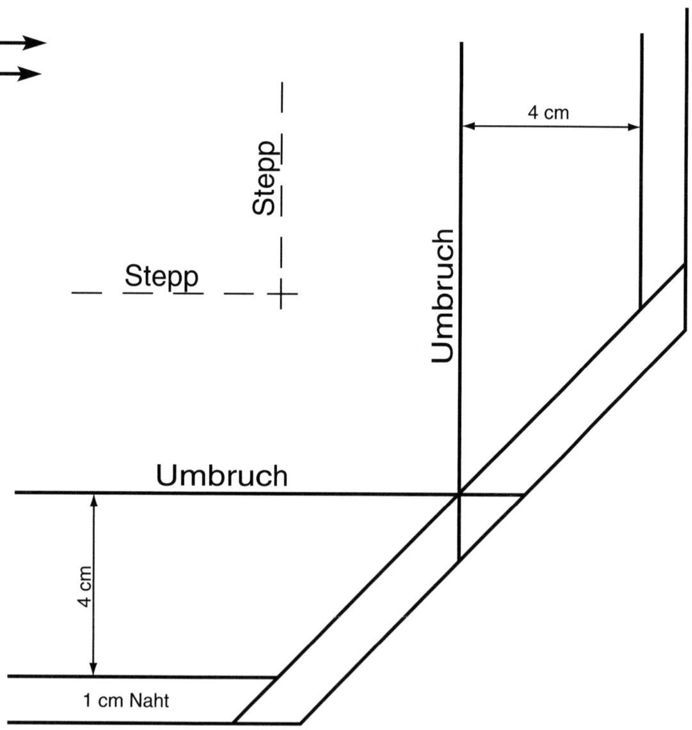

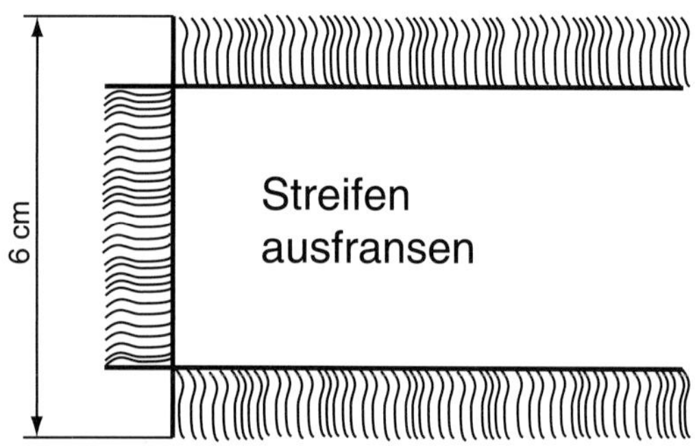

Tasche

Modell 29 Seite 40

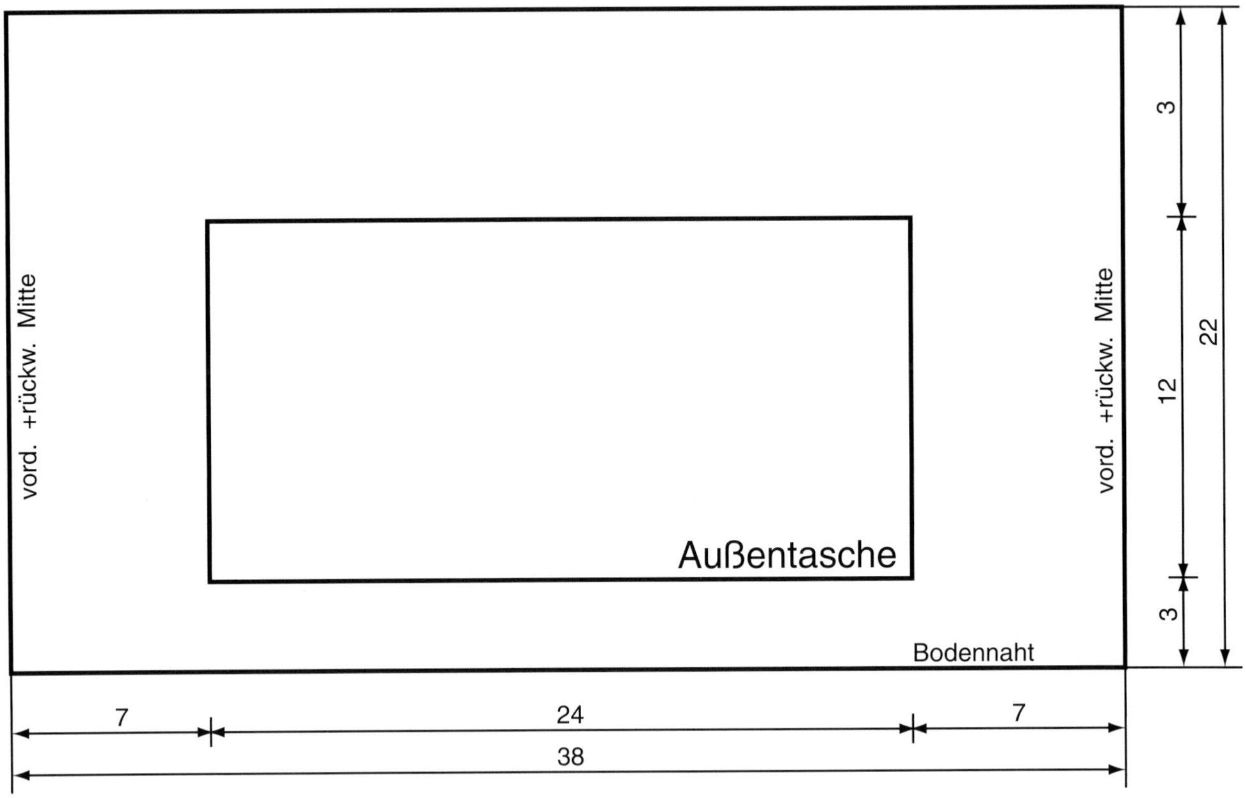

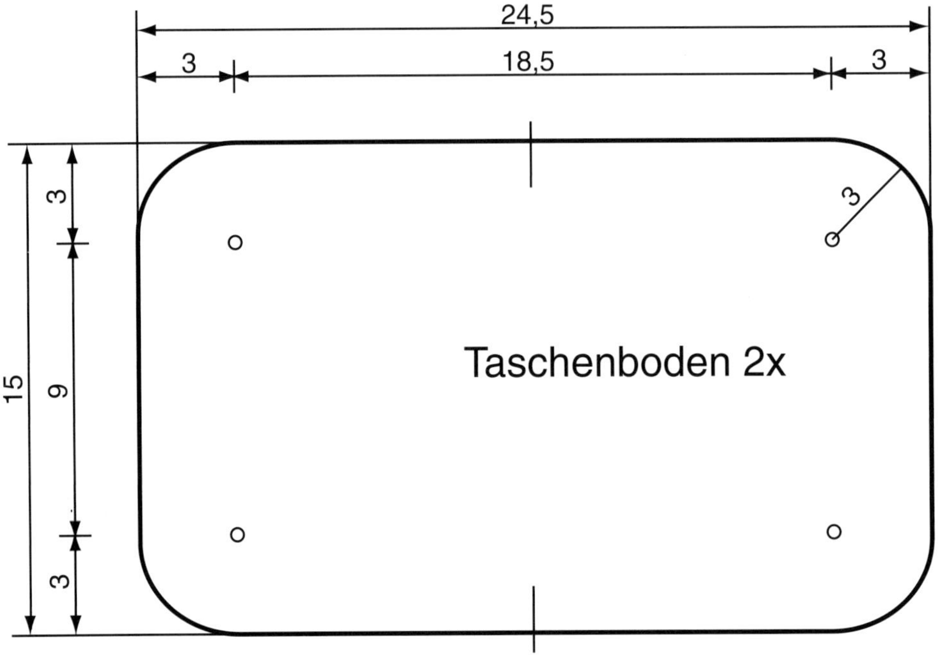

Herzkissen

Modell 31 Seite 42
Vorlage in Originalgröße

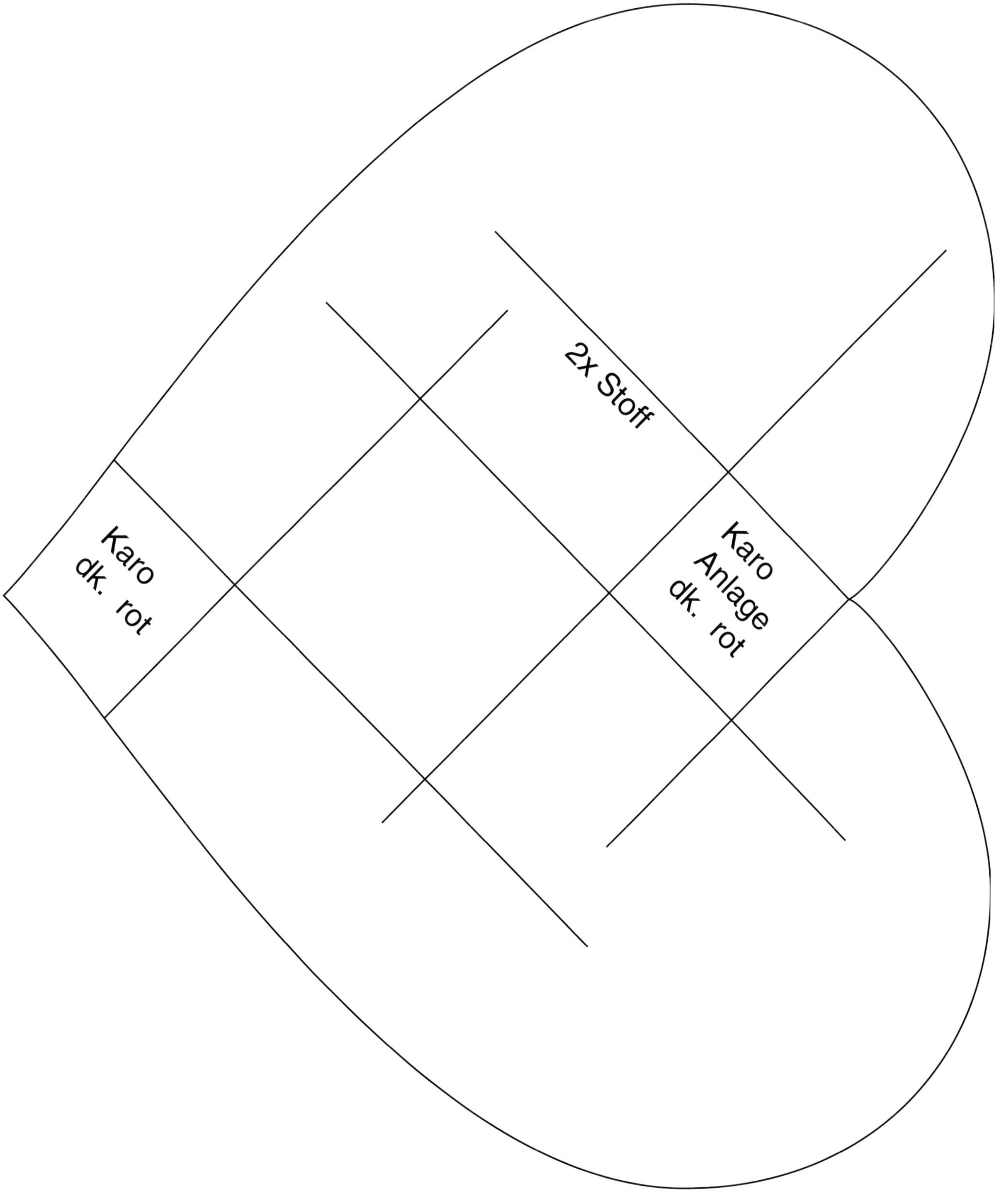

Bettüberwurf

Modell 34 Seite 44

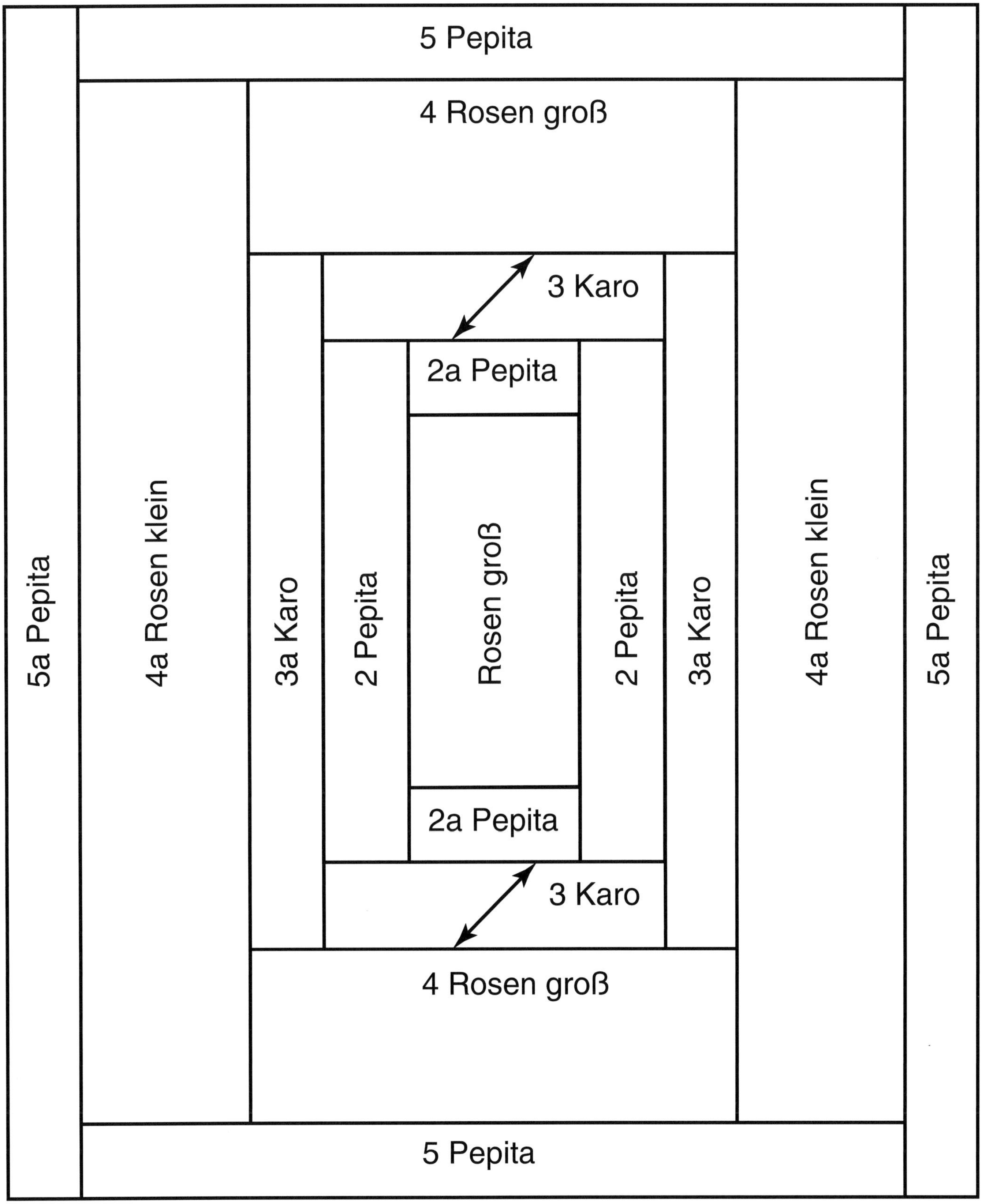

Grundbegriffe Nähen

Allgemeine Nähbegriffe

Nahtzugabe
Die Nahtzugabe beträgt 1 cm an jeder Seite, wenn nicht anders angegeben. Die Maße in den Schemazeichnungen sind ohne Nahtzugabe angegeben. Nahtzugaben bei abgerundeten Formen bis kurz an die Naht einschneiden, bei Ecken bis knapp vor die Naht abschneiden und an Innenecken einzwicken. Applikationsmotive und Teile, die mit Schrägband eingefasst werden sollen, werden grundsätzlich ohne Nahtzugabe zugeschnitten.

Säumen
Für einen Saum bügelt man zuerst 1 cm der Kante um, anschließend faltet man die Kante noch einmal in der angegebenen Breite zum Saum um. Die Saumkante wird schmalkantig festgesteppt.

Absteppen
Absteppen heißt, an Kanten oder Nähten entlang zu steppen, um sie zu fixieren oder zu betonen. Meist steppt man „schmalkantig“ ab (0,1 – 0,2 cm neben der Kante) oder „füßchenbreit“ (0,7 cm neben der Kante).

Verstürzen
Bei doppelt zugeschnittenen Teilen werden die Kanten rechts auf rechts gesteckt und mit 1 cm Nahtzugabe zusammengesteppt. Die Teile werden dann gewendet und gebügelt.

Einreihen
Einreihen oder „einkräuseln“ heißt, eine Stoffbahn raffen. Man steppt mit großen Stichen 0,2 cm rechts und links der markierten Nahtlinie, hält die Fadenenden fest und schiebt den Stoff vorsichtig auf die gewünschte Weite zusammen. Bei längeren Stoffbahnen kann die Strecke in mehrere Abschnitte unterteilt werden. Beim Zusammennähen einer eingereihten und einer glatten Stoffkante steppt man auf der gekräuselten Seite.

Versäubern
Stoffkanten werden mit Zickzackstich übernäht. Damit schützt man sie vor dem Ausfransen.

Besatz
Ein Besatz ist ein Stoffteil zum Versäubern von Kanten und Ausschnitten. Er wird in Form der Kante zugeschnitten und rechts auf rechts verstürzt. An geraden Kanten kann man den Besatz direkt an den Oberstoff anschneiden, er ist also im Zuschneidemaß enthalten und wird angeschnittener Besatz genannt. Dieser Besatz wird bei der Verarbeitung nach vorn umgeschlagen und versäubert. An rechtwinkeligen Ecken wird meist eine Briefecke geformt.

Einfassen mit Schrägstreifen

Vorgefalztes Schrägband an der rechten Seite auffalten und mit dieser Kante auf die rechte Außenkante des Stoffes legen. Im vorgebügelten Falz nähen. Das Schrägband zur Rückseite des Stoffes klappen. Von der Vorderseite aus mit Stecknadeln fixieren, dabei kontrollieren, ob die Kante des unteren Streifens auf der Rückseite mit gefasst wurde. Knappkantig von der Oberseite her aufsteppen, dabei Kante der Unterseite mit annähen.

Applizieren

Applizieren heißt, ein Motiv aufnähen. Motive können aus gemusterten Stoffen ausgeschnitten werden. Eine Hilfe ist aufbügelbares Klebevlies. Es haftet auf einem Trägerpapier, das später abgezogen wird.

So wird es gemacht:
Ein Stück Klebevlies mit der rauen Seite auf die linke Stoffseite unter das Applikationsmotiv bügeln. Motiv ausschneiden und Schutzpapier abziehen. Motiv auf den Untergrundstoff platzieren und heiß überbügeln, um es zu fixieren. Kanten der Applikation zusätzlich übersticken, entweder mit einem Zickzackstich der Nähmaschine oder von Hand mit Zierstich.

Reißverschluss einnähen

Beide Stoffkanten, zwischen die der Reißverschluss genäht werden soll, mit Zickzackstich versäubern. Beide Teile rechts auf rechts legen, Länge des Reißverschlusses mit Stecknadeln markieren. Von beiden Außenkanten bis zur Markierung hin nähen und die Nahtenden verriegeln. Naht zwischen den Markierungen mit sehr großer Stichlänge schließen. Nahtzugaben auseinander bügeln. Die langen Stiche zwischen den Verriegelungen auftrennen und den Reißverschluss von links einheften. Zum Einnähen den Reißverschlussfuß in die Nähmaschine einsetzen. Von der rechten Seite her den Reißverschluss einnähen. Um ein Kissen nach dem Nähen der Außenkanten wenden zu können, muss der Reißverschluss geöffnet sein.

Angeschnittene Blende mit Briefecken

Diese Randgestaltung wird vor allem bei Tischwäsche und Kissen angewendet. Als Kantenabschluss ist diese Arbeitsweise etwas aufwändiger als ein eingeschlagener Saum, wirkt aber wesentlich edler.
So berechnen Sie den Stoffbedarf:
Gewünschte fertige Größe
+ die Blendenbreite pro Kante
+ 1 cm Einschlag pro Kante.
Beispiel für eine Serviette von 40 x 40 cm fertiger Größe und einer 3 cm breiten Blende:

40 cm (Endmaß)
+ 2 x 3 cm (Blende)
+ 2 x 1 cm (Einschlag)
= 48 x 48 cm Zuschnitt

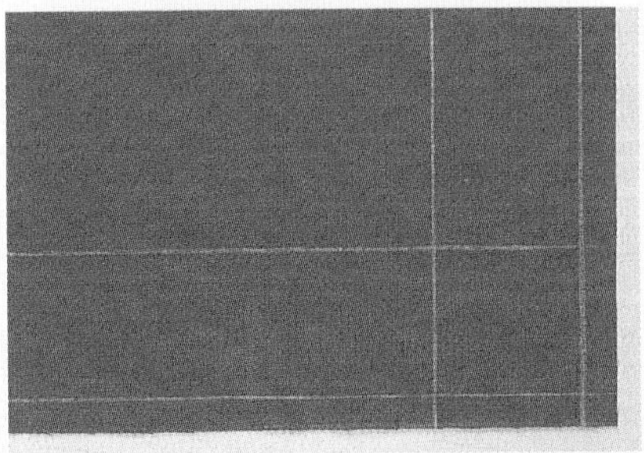

1. Markieren Sie mit Schneiderkreide oder einem selbstlöschenden Markierstift den Einschlag von 1 cm und die Blendeneinschlagbreite.

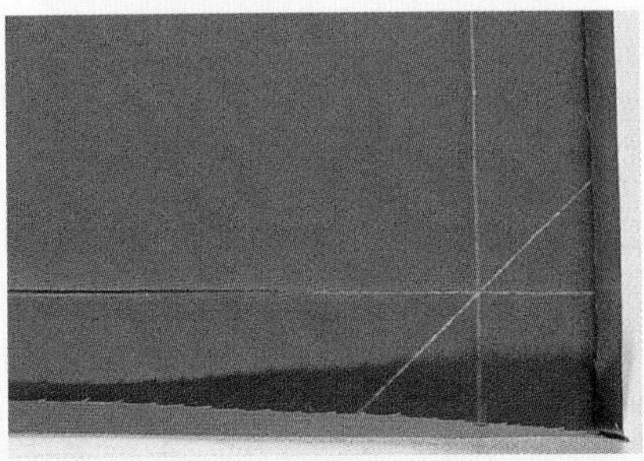

2. Einschlag und Blendenkante an allen Seiten einbügeln. Über das Kreuz der Blendenbruchkante eine diagonale Linie markieren.

3. Falten Sie das Arbeitsstück diagonal, die Blendenbruchkanten und die gezeichnete, diagonale Linie treffen aufeinander. Die diagonale Linie exakt steppen, wobei der 1 cm breite Saum eingeschlagen wird. Nahtanfang und -ende verriegeln. Auf diese Weise alle Ecken arbeiten.

4. Die entstandene Spitze zurückschneiden, in der Ecke die Nahtzugabe schräg zurückschneiden, die übrige Nahtzugabe ausstreichen.

5. Die Saumblende wenden, die Spitzen herausarbeiten, die innere Blendenkante knappkantig aufsteppen.

Hinweis:
Bei Webstoffen ohne Vorder- und Rückseite können angeschnittene Blenden auch als dekoratives Element auf die Vorderseite gearbeitet werden. Besonders wichtig ist bei dieser Technik exaktes Ausmessen, Bügeln und eventuelles Heften.

Stielstich

Der Stielstich wird von Hand gestickt und dient hauptsächlich dazu, Konturen und Linien zu betonen. Es wird von links nach rechts wie abgebildet gearbeitet. Es wird knapp unterhalb der Konturlinie eingestochen und knapp oberhalb ausgestochen. Gleich lange Stiche arbeiten und mit jedem Stich knapp neben dem vorigen stechen, ohne dabei diesen durchzustechen. Die Stichlänge hängt von Material und Fadenstärke ab. Um eine Blüte aus einem Stoffdessin zu applizieren (z. B. Türschild von Seite 36 oder Rosenapplikationen auf der Tasche von S. 40), wird wie folgt verfahren: Motiv mit Vliesofix bekleben. Grob ausgeschnittene Kontur mit Stielstich aufsticken. Kanten knapp entlang dem Stich mit einer spitzen Stickereischere präzise abschneiden.

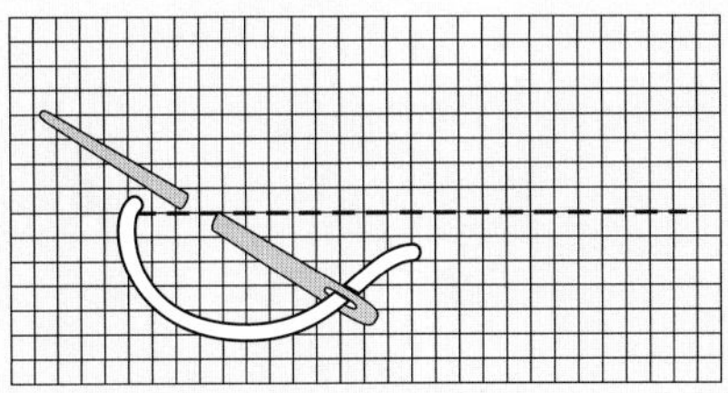

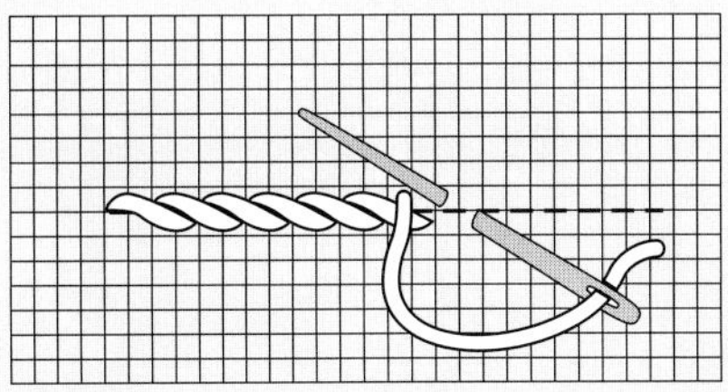

Herstellerverzeichnis

Engels Kerzen
Am Selder 8
47906 Kempen

Hilco Textil
Max-Eyth-Str. 3
70771 Leinfelden/Echterdingen

Stofferia
Antonsgasse 1-5
50667 Köln

Union Knopf
Lilienthalstr. 2-4
33689 Bielefeld

wohn aktiv
Am Sundheimer Fort 10
77694 Kehl-Sundheim

Impressum

Entwurf und Ausführung der Modelle:
Narcisa Bayer

Fotos:
Thomas Huber

Styling:
Narcisa Bayer

Korrektur:
Bernadette Mayr

Umschlaggestaltung:
Christiane Kölble

Layout und Produktion:
www.heydesign.de/I. Rinner

Vorlagen:
Kevin Lange
Das Druckbüro, Ortenberg

Druck und Bindung:
J. P. Himmer, Augsburg

ISBN 3-89858-625-1